一流学科的生成与治理

宏观政策与微观机理

李春林◎著

燕山大学出版社
·秦皇岛·

图书在版编目(CIP)数据

一流学科的生成与治理：宏观政策与微观机理 / 李春林著. — 秦皇岛：燕山大学出版社，2021.11（2026.1重印）
ISBN 978-7-5761-0235-2

Ⅰ. ①一… Ⅱ. ①李… Ⅲ. ①高等学校—学科建设—研究—中国 Ⅳ. ①G642.3

中国版本图书馆CIP数据核字（2021）第214318号

一流学科的生成与治理：宏观政策与微观机理

YILIU XUEKE DE SHENGCHENG YU ZHILI：HONGGUAN ZHENGCE YU WEIGUAN JILI

李春林 著

出 版 人：陈 玉
责任编辑：柯亚莉
封面设计：方志强
出版发行：燕山大学出版社 YANSHAN UNIVERSITY PRESS
地　　址：河北省秦皇岛市河北大街西段438号
邮政编码：066004
电　　话：0335-8387555
印　　刷：廊坊市印艺阁数字科技有限公司
经　　销：全国新华书店

开　　本：710mm×1000mm 1/16　　印　　张：13.75　　字　　数：160千字
版　　次：2021年11月第1版　　印　　次：2026年1月第2次印刷
书　　号：ISBN 978-7-5761-0235-2
定　　价：58.00元

本研究是国家社会科学基金教育学一般课题
“一流学科的生成与治理:理论分析与实证检验”
(项目编号:BIA170168)的阶段性成果

前　言

为提升高等教育综合实力和国际竞争力，20 世纪 90 年代以来，中国先后实施了“211 工程”“985 工程”和“双一流”建设，加速建设世界一流大学和世界一流学科。作为对国家战略的回应，许多国内著名大学如北京大学、清华大学等纷纷提出了建设世界一流大学和一流学科的发展规划、时间表和具体举措。经过多年的发展建设，究竟如何建设世界一流大学，各大学仍然在不断探索中。当前，国内一些大学的做法是，对照世界一流大学的指标体系，缺什么，补什么，希望一步步满足“世界一流大学”的指标体系。但是，如果僵硬地按照这种“指标体系”亦步亦趋地一条条去落实，毫无疑问将丧失大学的灵魂，与真正建设世界一流大学南辕北辙，永远也达不到目标。

学科是大学的肌体和细胞，它既是一种知识分类，又是一个典型的以知识生产和创新为目的的知识组织，是承担大学知识传播、知识生产和知识应用三大职能的基本单位。对世界一流大学发展历程的分析表明，世界一流水平的学科成就了世界一流大学的声誉。因此，中国高等教育要面向世界，最终是一个学科接轨的问题。要建设世界一流大学，首先要建设世界一流学科。由此，深入探究一流学科的生成机理成为一流大学建设的核心问题之一。那么，什么是一流学科，如何建设一流学科，一流学科是如何生成的，如何更好地治理，就成为急需解决的理论和实践问题，也是本研究要回应的核心问题。本研究分别从宏观政策和微观机理角度，深入探究一流学科的生成与治理，从而为中国一流大学和一流学科建设提供理论指导和实践借鉴。

首先，分析了中国建设世界一流大学政策。以 1993 至 2018 年中国中央政府（为叙述方便，本书将中共中央、国务院、国务院各部委以及相关领导小组统称为"中国中央政府"）发布的 149 份一流大学政策为研究对象，从政策数量、政策主题、政策发布机构、政策类别、政策效力等五个变量及其相互关系角度分析了政策的总体特征，从演进动力、演进方式、演进过程等三个方面总结了政策演进规律。运用社会网络研究方法绘制了重点大学和重点学科建设阶段、世界一流大学建设阶段、"双一流"建设阶段的政策主体合作网络图谱，并对网络结构特征进行定量分析，总结了中国建设世界一流大学政策主体合作网络演化规律。

其次，分析了中国省域"双一流"政策。选取 2015 年以来中国省域政府出台的 30 份"双一流"政策文本为研究对象，基于政策工具和政策主题二维分析架构进行量化分析。基于内容分析方法，进一步分析了中国省域"双一流"政策的典型特征和存在的问题，最后提出了政策的优化策略。

第三，分析了中国高校"双一流"政策。选取中国 41 所一流大学建设高校制定的"双一流"政策文本为研究对象，基于政策工具和政策领域构建二维分析框架进行量化分析。基于内容分析方法，进一步分析了中国高校"双一流"政策的典型特征和存在的问题，最后提出了政策的优化策略。

第四，探究了学院高成长机理。在"双一流"建设背景下，学院发展已经成为影响一流大学和一流学科建设的关键。选取清华大学经济管理学院为案例进行探索性研究，引入资源基础理论、战略管理理论等多理论视角探究其成长历程，总结了其典型特征和治理机制，提出了学院实现高成长的机理模型。

最后，总结了一流学科的生成机理。在明确一流学科内涵和标准的基础上，选取美国麻省理工学院和斯坦福大学的部分工科学科、英国剑桥大学卡文迪什实验室、哈尔滨工业大学土木工程学科等国内外一流学科作为典型案例进行多案例比较研究，总结了一流学科的演进历程和网络协同演化机理。选取 H 大学 C 学科进行探索性研究，引入组织生命周期理论探讨其发展演进历程，引入人力资本理论和知识管理理论等多种理论探究演进特征，提出了基于“环境—战略—要素—结构—能力—绩效”的一流学科生成机理模型。

本研究是作者承担的国家社会科学基金教育学一般课题“一流学科的生成与治理：理论分析与实证检验”（项目编号：BIA170168）的阶段性成果。本研究分别从宏观政策和微观机理两个角度探究了一流学科的生成与治理，得出了一些有价值的结论。由于时间关系及作者能力水平有限，基于本研究主题的研究还有很多需要提高的地方，希望得到理论和实践层面专家、学者的批评和指正。

李春林

2021 年 2 月 20 日

目　录

第 1 章　绪论

1.1　问题提出与研究意义

1.1.1　问题提出

为提升高等教育综合实力和国际竞争力，20 世纪 90 年代以来，中国先后实施了“211 工程”和“985 工程”。《国家中长期教育改革和发展规划纲要（2010—2020 年）》提出，到 2020 年，我国要有若干所大学达到或接近世界一流大学水平。为加速建设世界一流大学和世界一流学科，2015 年 11 月 5 日，国务院发布了《统筹推进世界一流大学和一流学科建设总体方案》（下文简称《总体方案》），2017 年 1 月又出台了《统筹推进世界一流大学和一流学科建设实施办法（暂行）》（下文简称《实施办法》），从国家层面上提出了建设的任务和具体路径。2017 年 9 月，国家公布了世界一流大学和一流学科建设高校及建设学科名单。作为对国家战略的回应，许多国内著名大学如北京大学、清华大学等纷纷提出了建设世界一流大学和一流学科的发展规划、时间表和具体举措。

1993 年中国启动了“211 工程”，开始了世界一流大学的建设征程。经过多年的实践探索，究竟如何建设世界一流大学，目前还在讨论中。当前，国内一些大学的做法是，对照世界一流大学的指标体系，缺什么，补什么，希望一步步满足“世界一流大学”的指标体系。但是，如果僵硬地按照这种“指标体系”亦步亦趋地一条条去落实，毫无疑问将丧失大学的灵魂，与真正建设世界一流大学南辕北辙，永远也达不到目标。

学科是大学的肌体和细胞，它既是一种知识分类，又是一个典型的以知识生产和创新为目的的知识组织，是承担大学知识传播、知识生产和知识应用三大职能的基本单位。从世界一流大学的发展历程，我们发现，如麻省理工学院一流的工科、一流的理科和一流的人文社会学科，斯坦福大学的电子工程、企业管理、心理学、教育学、法学等，正是这些世界一流水平的学科成就了一流大学的声誉。因此，中国高等教育要面向世界，最终是一个学科接轨的问题。

在理论界，学者们从不同视角对一流大学和一流学科建设问题进行了探讨，得出了一些有价值的结论，形成了一定的共识，如：要建设世界一流大学，首先要建设世界一流学科。没有一流的学科，不可能建成一流的大学[1]。学科是大学的细胞，世界一流学科是建设世界一流大学的基础[2]。大学内部治理体系现代化要求在大学内部治理过程中必须发挥其细胞——“学科组织”的基本作用[3]。由此可见，深入探究一流学科的生成与治理成为一流大学建设的核心问题。那么，什么是一流学科，如何建设一流学科，一流学科是如何生成的，如何更好地治理，就成为急需解决的理论和实践问题，也是本研究要回应的核心问题。本研究将分别从宏观政策和微观机理角度，深入探究一流学科的生成与治理，从而为中国一流大学和一流学科建设提供理论指导和实践借鉴。

1.1.2 研究意义

学术价值上，基于目前本课题主题的现有研究缺乏具有较强解释能力的理论框架、系统性研究成果较少、实证研究更不多见，本课题首先对一流学科生成的制度环境进行深入探讨，分别从国家、省域和高校三个层面分析一流大学和一流学科建设政策，探究每个层面政策的总体特征、演进规律、存在的问题及优化策略。其次，本课题引入资源基础理论、人力资本理论、战略管理理论、组织成长理论等多种理论视角，应用案例研究、社会网络研究等多种实证研究方法，对一流学科的演进历程与生成机理进行深入探讨，总结一流学科生成机理模型。本课题的研究将进一步丰富该领域的研究成果，为相关学者开展持续研究奠定基础，同时为实践部门相关决策提供理论基础。

应用价值上，中国综合国力的稳步提升，必然要求强大的高等教育作为可持续发展的支撑。随着中国“双一流”战略的提出和实施，中国大学尤其是高水平研究型大学如何通过发展一流学科推进一流大学建设已经成为急需面对的现实问题。本课题的研究成果，将有助于深入理解一流学科的生成与治理这一核心问题，基于实证研究得出的结论以及由此提炼出的治理策略，对于进一步优化国家、省域和高校层面的相关政策、推进一流大学和一流学科建设将提供有价值的决策参考。

1.2 国内外研究现状述评

1.2.1 国家层面建设世界一流大学政策研究

近年来，许多国家都非常重视并出台系列政策推动世界一流大学建设，如德国的“卓越计划”、韩国的“WCU 项目”、法国的“卓越大学计划”、日本的“全球 COE 计划”等。国外学者围绕一流大学建设政策开展了许多研究。Vahl(2013)认为，德国大学国际排名落后，越来越失去竞争力，必须要有新的政策手段加以纠正，“卓越计划”的推行在一定程度上转变了德国大学系统，但是需要注意的是要进行针对性的投资来消除大学的传统障碍[4]。Emmanuel Boudard(2016)详细介绍了法国“卓越大学计划”政策如何影响和改革了法国高等教育的格局和政治原则，同时指出政策存在的一系列消极影响[5]。Yonezawa(2013)研究了日本的世界一流大学政策和实施情况，指出国家政策的使命即为追求世界一流地位，重点措施主要是改革大学的管理、吸纳国际人才、丰富大学使命的多样化，大学层面的措施是积极吸收外部资源，并试图为杰出的年轻研究人员提供奖学金和奖励措施[6]。Yukoko Yonezawa 等(2016)特别强调了虽然当前社会日益认识到高等教育是日本在全球经济中生存的重要推动力，然而日本自 1980 年以来制定的一系列政策引起了过分强调国际化等负面现象，带来诸多消极影响以及新的挑战和难题[7]。Kiyong Byun 等(2013)分析了韩国政府建设世界一流大学的各项政策，指出了韩国政府 WCU 各项政策对韩国高等教育机构的影响、存在的挑战以及产生的一些问题[8]。Deok-Ho Jang 等(2013)利用语义网络分析法对参与 WCU 项目的国际学者和韩国行政官员进行访谈以评估政策执行情况，结果表明，同国际学者相比，韩国行政官员更关注教育中的“控制”和“权力”，没有认真考虑教育中“学生”的价值主题，更侧重于教育的政治性、规范性以及象征性[9]。Jean S. Kang(2015)详细介绍了韩国为建设具有全球竞争力的一流高校制定的一系列政策和规划，指出政策本身在实践推行过程中存在着很多缺陷，如单一的评估大学质量的标准、排名被用作定义卓越的主要工具、政府财政援助过度分配给高等教育机构等[10]。

随着一流大学建设的深入推进，对中国国家层面一流大学政策的研究逐渐成为学术界的热点，既有研究主要集中于三个方面。

一是对政策演进特征的研究。陈学飞(2006)详细分析了“985 工程”

政策的形成过程和宏观背景[11]。康宁等(2016)从高等教育资源配置和制度变迁视角总结了"985工程"转型与"双一流方案"诞生的历史逻辑[12]。张端鸿(2016)认为"双一流"政策是对新中国成立以来重点建设政策的继承与调适[13]。翟雪辰等(2017)总结了中国高等教育重点建设政策的历史背景和总体特点[14]。胡炳仙(2017)探讨了中国重点大学建设模式的渐进性特征[15]。姜璐等(2018)从目标维、策略维和保障维解析了中国建设世界一流大学的三维行动路径[16]。徐浪等(2018)以"启动、采纳、实施、成果"四要素教育政策阶段理论探究了中国"双一流"建设政策的形成过程[17]。钟建林(2018)认为中国"双一流"建设政策经历了三个发展阶段并分析了其面临的困境[18]。王建华(2018)探讨了"双一流"建设的政策驱动改革特点并分析了其过度依赖政府政策的局限[19]。王庆华等(2017)[20]、胡德鑫(2017)[21]、胡德鑫(2018)[22]还从多源流理论、历史制度主义等理论视角分析了中国建设世界一流大学政策的演变逻辑。

二是对政策文本的研究。刁勇生(2017)对"双一流"建设的政策工具选择做了探讨并提出了完善策略[23]。徐赟(2018)分析了《总体方案》与《实施办法》中政策工具的选择与运用[24]。彭华安(2018)从政策工具视角对《总体方案》进行了内容编码和统计描述[25]。袁曦临等(2019)基于"双一流"建设政策及数据,探讨了我国"双一流"建设规划的逻辑[26]。刘丽丽等(2019)从政策数量、发布时间、发布部门、政策类别等四个方面对中国高校"双一流"政策在宏观上做了初步分析[27]。

三是对其他国家和地区政策的探讨和比较研究。赵可等(2009)分析了美国联邦政府建设一流大学的政策[28]。张惠等(2015)分析了法国创建世界一流大学的政策及特征[29]。刘宝存等(2016)指出,其他国家和地区采取的政府主导、择优建设、立足学科、注重评估、引入退出机制等创建世界一流大学的政策措施提供了重要启示[30]。包水梅等(2017)[31]、孙百才等(2018)[32]重点分析了香港创建世界一流大学的政策经验。

1.2.2 省域层面“双一流”政策研究

许多学者对省域层面“双一流”政策进行了研究，研究集中在各省域之间政策文本的比较，分析其共性和差异化特征。吴小玮(2017)指出不同省域“双一流”建设方案较为一致，体现了科学定位、分类发展、延续重点的设计原则[33]。习勇生(2017)以30项省域政府“双一流”政策文本为研究对象，运用Nvivo11质性软件进行文本处理和定量分析，描述了地方政府注意力配置的整体分布和特征[34]。褚照锋(2017)通过对24个地方政府“双一流”政策文本进行比较分析，发现各地区之间存在的差异较大[35]。张伟等(2018)通过对26个省域“双一流”建设政策文本分析，得出各省政策文本之间的共性特征以及各省政策在建设投入力度、创新实施力度以及建设周期规划上的显著性差异，并提出相应的政策建议[36]。陈燕等(2018)基于“政策主体、政策目标、建设对象、经费投入、制度保障”的分析框架，对29个省(市、自治区)“双一流”建设方案进行了分析，总结了地方“双一流”建设的特点，对政策实施面临的挑战进行分析，据此提出提升地方政策有效性的建议[37]。张伟等(2018)对四省的政策文本进行权重计算和关联度分析，从宏观、中观、微观三个角度解析了地方“双一流”方案的特点[38]。

1.2.3 高校层面“双一流”政策研究

相关学者对国外高校创建世界一流大学政策进行了系列研究，这些研究主要集中在对相关政策内容的阐述或政策评价方面。Tayeb等

(2011)阐述了世界一流大学在知识时代的作用，以阿卜杜勒阿齐兹国王大学的发展战略为例，指出传统大学在知识全球化时代必须经历变革才会有新的发展[39]。Natalia Ruiz-Rodgers(2011)以哥伦比亚国立大学为例，分析了其在国立大学整体中的优势和不足，并介绍了该大学为建设世界一流大学所采取的措施，包括国际化建设、通过增加博士学位的教授数量来改进教职工素质、增加对科研项目的财政支持、增加研究生奖学金、增加在国际引文索引期刊发表学术论文的数量等[40]。Christine Anita Xavier 等(2013)详细介绍了新加坡国立大学如何通过三种策略构建和提升自身作为全球性大学的地位[41]。Justin S. Sanders(2018)介绍了新加坡国立大学(NUS)和南洋理工大学(NTU)通过国际化手段和措施冲击世界一流大学的案例[42]。Victoria Millar(2016)以墨尔本大学为例，详细介绍了其在建设世界一流大学过程中为适应国际形势和社会需要在跨学科教学广度和深度中采取的系列重要政策措施[43]。张欣亮等(2018)探讨了澳大利亚新南威尔士大学创建世界一流大学的战略实践[44]。

随着中国各高校"双一流"建设方案的制定与实施，国内学者围绕高校的"双一流"政策开展了系列研究。张伟等(2018)选取 6 所高校的一流大学建设方案的文本进行分析，通过梳理校际"双一流"政策文本的共性与差异，提出相应的政策建议[45]。申超等(2018)选取中国 41 所"双一流"建设高校建设方案，运用 Nvivo11 软件对"一流学科建设总体规划"和"一流学科建设具体措施"两个部分的内容进行编码处理，探究高校在学科建设方面呈现出的基本特征[46]。周光礼(2019)以清华大学、浙江大学等 13 所高水平理工大学的"双一流"建设方案为分析对象，研究其工程学科的建设愿景、面临的挑战及应对策略[47]。陈恩伦等(2019)对教育部直属师范院校"双一流"建设方案中的人才培养模式部分进行分析，发现其人才培养模式具有一定的共性特征，同时存在较大的校际差异[48]。蒋洪池等(2019)通过对42所一流大学建设方案的文本进行分析，发现一流大学建设存在逻辑起点偏离、建设理念功利化、建设路径趋同以及国际视野不够等问题，同时提出相应的修复建议[49]。周光礼(2019)通过运用政策内容分析法，对C9高校“双一流”建设方案进行考察，总结了一流本科教育的特点[50]。

1.2.4 一流学科的生成与治理研究

国外高等教育管理体制与中国不同，国外学者的研究大多指向作为课程的学科或者通过组织的合理设置解决跨学科问题。目前，与“一流学科”研究主题直接相关的国内外研究逐年增多，相关研究成果主要分布在学科内涵、学科建设、学科组织、学科制度、学科评价和学科核心能力等方面。

(1)学科内涵的界定

要研究一流学科，首先要对学科内涵进行清晰界定。学科是一个历史的范畴，它既是时代精神孕育的结果，又总是处于过渡和发展状态，人类对学科的认识也有一个不断深入深化的过程[51]。关于学科的内涵，目前主要有三种代表性观点。

学科是一种知识体系。对于学科是一种知识体系，当前学术界主要有三种理解。第一种观点认为学科是教学科目，如《辞海》(1988)对学科的定义是：学校教学内容的基本单位[52]。第二种观点认为学科是科学分支。王续棍(2003)认为，学科是具有特定研究对象的科学知识分支体系，一门学科创生与成形并区别于其他学科，最根本的原因就在于这门学科具有特定的且与相关学科探察视角有所不同的研究对象[53]。胡建雄(2001)认为，学科应该被理解为“学问的分支”，即科学的分支或知识的分门别类[54]。第三种观点认为学科是规范化与专门化的知识体系。华勒斯坦(1999)认为,能称得上学科的知识体系应该具有如下特征:具有在性质上属于该学科特有的某些中心概念、具有蕴含逻辑结构的有关概念关系网、具有一些隶属于该学科的独特的表达方式、具有用来探讨经验和考验其独特表达方式的特殊技术和技巧[55]。龚怡祖(2013)认为,学科的内在建构沿着"问题研究形态、研究领域形态、基本研究范畴形态、学科形态"的路径演进,知识逻辑成为一种规范性力量[56]。

学科是一种规训制度。华勒斯坦等(1999)认为,学科成为一种社会践行,学科的组织知识形式以社会践行为背景,这意味着现代学科是一个更大的训导规范体系中制约和被制约的元素[55]。方文(2002)认为,新学科合法性的确立要得到学术共同体的认可,这种认可主要基于以下标准:这种新学科已有其独特的研究对象,亦即一套与之相适应的研究方法体系;一定数量有固定收入的职业研究人员,以及相对稳定的研究机构;学科本身独特的出版物如杂志、报纸及书籍;正规的培养计划如规范的博士、硕士及本科教育,为该学科提供重要的后备力量[57]。

学科是一种学术组织。伯顿·R.克拉克(1994)认为,划分和组织学术活动的基本方式有两种:根据学科或学院进行划分和组合,学科把具有相同学科知识背景的科学家联系在一起,学科明显是一种连接化学家与化学家、心理学家与心理学家、历史学家与历史学家的专门化组织方式[58]。宣勇等(2006)认为,现代大学所强调的学科建设既是指作为知识体系的学科的发展,又是指作为劳动组织的学科建设[59]。

(2)学科建设的逻辑

学科建设是指根据社会发展需要和自身发展规律,采取措施促进学科发展的相关实践活动。一流学科生成是学科成长过程中的学科建设活动的总和。学科建设是对学科自发演进的一种促进和引导活动，它既不意味着推行某种指令性的刚性计划，也不意味着用计划手段抑制学术自由，而是努力为学科发展创造有利条件，实现学科实力的不断提升[60]。

在实践层面，许多高校的管理者提出了自己的思考。克拉克·克尔(1993)认为，不应当力量均衡地去对待每一个学科，每一个学科得到的投入应当与其当前所具有的潜力以及这些潜力的变化相一致[61]。加州大学原校长田长霖认为，一个学校不可能在很多领域同时达到世界一流，一定要有先后，研究型大学一定要想办法扶持最优异的学科，把它变成全世界最好的[62]。潘云鹤(1999)认为重构大学学科，从宏观上应当顺应科学和大学发展趋势，从中观和微观上必须遵循学科生长和发展规律，学科的生长和发展犹如生物体的新陈代谢，学科之间存在着学科的生物链和生物圈现象[63]。冯向东(2002)认为推动学科发展最重要的三种力量是科学发展的内在逻辑、科学组织、社会需求和政府干预，三种力量共同作用，形成了学科发展的动态平衡机制[64]。张晓宁等(2014)认为，从一般学科发展成为高实力学科，要遵循其自身逻辑和规律，一般说来都遵循着“目标规划、过程推进、成果呈现”三个环节循环推进，螺旋上升的发展态势，最终实现学科发展的高实力[65]。赵渊(2019)认为，新时代我国世界一流学科建设要建立世界一流学科评价的“中国话语”及“中国标准”，探索世界一流学科治理的“中国模式”及“中国体系”，构筑世界一流学科建设的“中国生态”，强化世界一流学科建设的路径创新[66]。

在理论层面，徐小洲等(2007)的研究表明，一流学科包含了大项目、大平台、大师、大成果、大奖，大项目是学科建设的依托，以大项目为集约地，形成大平台、汇集大师、产生大成果、获取大奖，这些条件成为一流学科建设的战略起点[67]。秦明等(2007)引入生态系统理论，建立了学科的组织层次系统、学科的生物圈系统、学科圈的反馈系统三个生态系统模型，总结了学科之间适应与发展、平衡与失衡、共生与竞争的成长机制[68]。郭树东(2009)认为研究型大学学科系统是一个复杂适应性系统，其进化、发展具有生态系统的“流”“网”“序”三个基本特征，是一个具有复杂立体网状结构和自组织功能的动态平衡系统，始终受到社会环境、自然环境和规范环境的影响和制约[69]。刘献君(2010)认为高校科学建设应该关注阶段性、内容、重点突破、内动力和外动力问题[70]。黄巨臣(2019)认为，当前非均衡发展成为一流学科建设的主导逻辑，应通过建立新型公共财政体制、构建中国特色学科评价机制和创建科学合理的分类体系，来推进一流学科建设的整体协调发展[71]。吴丁玲等(2019)认为从学科的生成、发展和范式来看，一流学科建设逻辑表现为：以内部动力与外部推力的统一为基础，以权力博弈与制度规制的约束为特征，以价值理性与工具理性的平衡为取向[72]。

(3)学科组织的演进

大学学科以组织形式存在，通过学科组织得到确认，并通过学科组织外显出来，一流学科的生成表现为学科组织的演进过程，组织视角也成为研究一流学科的切入点。

张金福等(2008)认为我国大学学科建设呈现的是一条投资驱动、权力推进、资源依赖、知识技术跟进的模式，应该通过学科组织创新，为建设高水平大学和创建世界一流大学奠定组织基础[73]。宣勇等(2008)认为大学学科组织的生成是内在基因与外部环境合力的结果，其内部依据主要体现为知识形态学科的科学范式的形成，外部条件包括社会需求、政府支持、学校规划和良好的学科生态等方面，自然演变、自觉繁衍、外部催生、主动播种是大学学科组织生成的基本方式[74]。宣勇等(2006)还将组织生命周期理论应用于大学学科组织研究，提出大学学科组织生命周期四阶段模型，即生成期、成长期、成熟期、蜕变期四个阶段[75]。宣勇等(2009)进一步将大学学科组织化理解为一个循环往复的过程，其路径可分为学科组织使命分析、学科组织体制设计、学科组织结构设计、学科组织运行设计和学科组织评价五个阶段[76]。苌庆辉等(2012)建立了产学研合作反哺学科发展的长效循环机制模型，指出当前这一理想模型运行中存在的困境表现为：合作集中于优势和特色学科且学科主动性不足，合作尚未形成集聚效应，参与主体并未自觉将学科反哺作为合作重点内容等[77]。武建鑫(2016)认为，学科组织是一个典型的自组织系统，它以知识体系的自我完善有序构建学术共同体，并在政府和大学的适当干预下，持续提升学科组织的学术生产力和资源吸附能力[78]。李志峰等(2019)比较了中美两所一流大学的一流学科——材料科学与工程学科，发现一流学科组织化建设具有鲜明的文化浸入特征，投入要素之间相互耦合且与学科软件环境充分融合[79]。全守杰(2019)以组织要素的视角研究了香港大学教育学科的发展状况，发现其具有引领教育研究与实践的发展目标、汇聚全球的科研人员、以学科研究平台促进知识交流、拥有丰富的学术物质资料四个特征[80]。

(4)学科制度的构建

制度是社会的"游戏规则"或"契约"，是人们创造的用以约束人们相互交流行为的框架[81]。一流学科的成长一定是与特定的制度环境紧密相关的，因此，学科制度的差异可能是导致学科发展水平差距的一个重要变量。

方文(2008)较早地发现了学科制度对学科发展的重要影响，2000 年他到牛津大学做"资深访问学者"期间，提出了一个有趣的问题：西方或中国的天才学者，都是难得一遇的，绝大多数学者的才智和勤奋在中西方之间并无大的差别，但学科发展却差距很大，他将这一问题归因于学科制度的差异[82]。方文(2008)认为，所谓学科制度实质上是以知识行动者为核心的知识生产和知识创新的制度体系，在学科制度的建构和完善过程中，知识行动者群体和学科培养制度、学科评价和奖惩制度以及学科基金制度之间，构成密切关联的知识生产和知识创新的动态网络，这一网络也是学术符号资本的生产和再生产的动态网络[83]。庞青山(2004)将对学科制度的研究归纳为知识生产的制度说、学科制度建设或体制建设说、学科理论体系规范或学科制度化说、知识生产和高级专门人才生产整合说、学科体系中的个人和组织行为的规范说五类，并提出了四位一体的大学学科建设策略[84]。万力维(2005)从权力的视角深入分析了大学学科制度，认为对大学学科制度的变革过程，就是不断用某几种"权力控制"代替另外几种"权力控制"的过程，每一次权力更迭都没有改变大学学科被重新控制与分等的事实[85]。周志发等(2009)从美国大学物理学科发展的瓶颈、学科机遇、制度创新、学科资源、学科新型组织等五个方面，分析了在现代物理学的发展过程中，美国大学的物理学科从一个地方性的、处于世界科学边缘的学科，逐渐发展成世界一流学科的历史轨迹[86]。潘军(2018)认为，从重点大学建设到"211 工程""985 工程"，再到"双一流方案"，既是我国重点大学政策的延续与创新，也是一个个路径演化的循环[87]。宫新栋等(2019)认为，在开展一流学科建设工作的过程中，需要进一步加强学校学术组织建设和制度建设，尽快建立起科学合理的学科建设绩效评价体系，改变以往高校科研成果与社会需求"两张皮"的脱节现象[88]。

(5)一流学科的评价

没有一流的学科评价体系，就不可能找到学科水平差距，进行一流学科建设。科学的评价是学科发展的重要前提。当前关于世界一流学科评价的研究还很少，基于定量技术的学科水平比较研究更少。人们一般都是通过世界大学排行榜来了解一流学科。据粗略统计，全球各类大学排行榜有50余个，既有全球、国际、区域、国内等类别之分，也有大学、学术、学科领域、院系、学科等范畴之别[89]。目前比较知名的有英国泰晤士高等教育、美国新闻与世界报道、汤姆森科技信息集团、德国高等教育研究中心、上海交通大学世界一流大学研究中心等机构发布的大学排行榜。这些排名使用了各具特色的指标，部分或全面地对大学领域进行评价，不仅引起了利益相关者的注意，也带来因自身数据、方法、技术等缺陷而遭受的强烈批评[90]。

选择在学科领域层面而不是学科层面对世界大学进行比较排名，或许更能完整反映大学的整体学科水平，但若要衡量大学某一学科在世界体系中的地位，或许学科层面的比较更能反映实际问题。学科水平同时受到内隐生成、外显表征和环境培育三类因素制约，对学科水平的评价要在充分探讨各类影响因素的基础上从这三方面综合考虑[91]。部分学者在学科评价上进行了有意义的探索。倪瑞等(2011)从引文分析的角度对2000—2010年间国内外部分高校6个理学学科的发展情况进行了分析[92]。鲁伟(2012)根据ESI数据对西部地区高校的论文总量、被引频次、高被引论文及热点论文发表情况等进行了分析比较[93]。自2004年开始，武汉大学中国科学评价研究中心以ESI数据为基础，按年度连续发布《中国大学及学科专业评价报告》[94]。何培等(2012)根据ESI数据库2002至2012年的数据，对C9高校和美、英、澳研究型大学群体ESI前1%学科进行了比较研究[95]。姜华等(2017)借助ESI数据指标，分别从世界影响力学科、世界一流学科、潜在优势学科和临界影响力学科四个方面对我国“985工程”高校的一流学科进行了评价[96]。

(6)学科核心能力的维度

核心能力或核心竞争力作为影响组织竞争优势的重要因素，是20世纪90年代以来战略管理理论研究的核心课题。Grant(1991)认为，组织的能力尤其是核心能力主要源于自身那些异质的、难以模仿的、效率优于他人的专有资源，只有这类资源能够形成组织的独特能力[97]。彭罗斯(2007)认为，组织发展通常遵循“资源—能力—成长”轨迹，资源对能力具有基础性地位[98]。

周进(2001)较早对这一问题进行了研究，他认为大学的学科竞争力是指大学中的学科作为竞争主体，在争取本学科发展优势地位上所具有的力量，学科核心竞争力要素包括:学科研究方向、学科带头人和骨干、学科关键实验设备和学科运行机制[99]。刘权等(2004)认为，学科核心能力是学科中经过长期积淀而形成的，蕴涵于特定学科内质中，能使该学科持续发展并在竞争环境中长时间取得主动的一种能力，文化、知识、人力资源、组织和创新是学科核心能力的关键要素[100]。赵坤等(2009)认为，重点学科核心竞争力的构建必须通过学科资源与能力的整合，才能保证学科竞争发展战略的实现[101]。龚怡祖等(2011)认为，如果按照学科资源的资产特性来确定资源类型，可将其划分为通用性学科资源和独特性学科资源，拥有独特性资源的学科，能够在较长时间的学术生产中保持超越对手的优势[102]。黄超等(2011)运用组织学习理论和能力理论，将学科成长能力划分为前沿扫描能力、组织管理能力、知识创新能力和网络合作能力，这四种子能力的交叉融合推动了大学学科成长能力的发展、转化与提升[103]。刘小强等(2018)认为，学科建设在本质上是学科生产能力的建设，建设一流的学科生产能力需要关注学科生产的具体过程，其中特别需要关注结构化、有合力的学科队伍、科学合理的体制机制和明确价值导向、有激情的学科文化[104]。陈亮(2019)认为学科治理能力是推进一流大学与一流学科建设的重要指标,需要形塑学科治理的权力结构,培育学科治理的交往情感,营造学科治理承认、批判与共生的文化生态氛围[105]。

1.2.5 研究现状评价

随着我国建设世界一流大学进程的推进,一流学科的生成与治理问题成为一个需要深入研究的核心问题。学者们对国家层面建设世界一流大学政策、省域层面"双一流"政策、高校层面"双一流"政策、一流学科生成与治理的研究为本研究提供了重要启示,为后续研究提供了坚实的基础,并指明了研究方向。结合既有成果并针对本项目研究,本研究将国内外文献分析总结如下。

(1)国家层面建设一流大学政策研究。学者们对国家层面建设一流大学政策进行了一定的探讨,为本研究的深入分析奠定了基础。同时既有文献研究仍然存在一定的不足,如中国建设一流大学政策的起点如何确定、中国政府颁布了哪些一流大学政策、政策体系如何演进、政策主体都包含哪些、政策主体之间存在怎样的合作关系等问题尚需明晰和深入探究。既有文献虽然对以上问题做了一定回答,但由于许多研究没有以政策文本为研究对象或者研究的政策文本数量不足,导致很难从宏观上把握一流大学政策的演进规律,得出有深度的研究结论。基于以上分析,本研究将在系统梳理中国中央政府发布的一流大学政策文本的基础上,深入探究其总体特征、演进规律,分析政策主体合作网络演化规律,从而加深对这一政策体系的理解。

(2)省域层面"双一流"政策研究。总体来看,虽然学者们在省域"双一流”政策领域做了一定的探讨，但这一领域的研究仍然存在以下问题：一是定性研究较多、定量研究不足，当前的研究大多是定性的研究，导致很难得出令人信服的结论；二是研究中缺乏研究工具的使用，如对省域“双一流”政策的分析，多关注宏观问题和背景介绍，缺乏借助理论和工具的精细化研究。基于以上研究不足，本研究将从政策工具和政策主题两个角度提出二维分析框架，对中国省域政府出台的“双一流”政策进行量化分析，同时应用内容分析方法进一步分析省域“双一流”政策的典型特征和主要问题，以期加深对这一政策体系的理解，得出有价值的结论。

(3)高校层面“双一流”政策研究。学者们在高校“双一流”政策研究领域进行了一定探讨，但仍然存在以下不足：一是所选取的政策文本大多集中于几所典型高校的建设方案，或是高校建设方案中的部分文本，对政策体系的整体性、全面性研究还很有限；二是大多数研究都以定性研究为主，定量研究较少，导致相应的结论解释能力不足。基于以上分析，本研究以中国一流大学建设高校的“双一流”建设方案为研究对象，从政策工具和政策领域两个维度提出二维分析框架，通过对政策文本的编码和量化内容分析，探究政策工具在不同政策领域中的配置与组合特点，提出相应优化策略，同时基于内容分析方法进一步分析高校“双一流”政策的典型特征和主要问题，得出有价值的结论。

(4)一流学科的生成与治理研究。随着中国综合国力的稳步提升，必然要求强大的高等教育作为可持续发展的支撑。中国大学尤其是高水平研究型大学如何转型以适应世界高等教育的发展趋势、回应国家和区域发展的现实需要，如何通过打造一流学科增强大学的核心能力等问题，已经成为急需解决的现实问题。在高等教育创新的重点逐步从宏观层面向微观层面转变的现实背景下，通过建设一流学科来推进一流大学建设已经成为共识。在此过程中，学者们基于不同的立论基点，从多个层面进行了探讨，相关研究成果为继续开展研究提供了基础和借鉴。然而，深入分析发现，已有研究仍然存在以下四方面不足。第一，虽然目前对一流学科的概念有较多研究，但什么是学科，什么是一流学科，一流学科的典型特征、基本标准和生成本质是什么，这些基本问题尚未形成共识。深究原因，仍然是对学科的本源性质等诸多问题尚未厘清，而这些重要的问题恰恰是持续深入研究的逻辑起点。第二，虽然学者们已经充分认识到学科在大学建设中的核心地位，但是，深入分析不难发现，已有研究对于一流学科的关注，大多是从经验的借鉴总结出发，采取的是"应然范式"，即应该是什么样的研究思路。虽然提出了很多有见地的观点，但由于经验总是同特定的环境背景相联系，无法区别特质性与普遍适用性，使得研究难以深入，理论深度明显不足。一些学者从生态系统、复杂适应性系统、组织建构、核心能力、学科制度等多个角度对一流学科的生成机理进行了探讨，但总体上研究成果较少，持续性和跟踪性研究成果更不多见，缺乏有较强解释能力的理论框架，直接导致研究成果的深度不够。因此，在对学科本源深入认识的基础上，选择一种或多种理论视角综合分析，对一流学科进行持续研究，才能产生有分量的研究成果。第三，已有研究大多是理论上的逻辑推理，运用相关数据的实证探究相对较少。在此过程中呈现出经验总结较多，实证研究不足。教育学、行政学等角度研究较多，经济学、管理学、社会学等视角研究较少。如此一来，必然不利于对学科实践规律的总结，直接导致缺乏对一流学科生成与治理关键制约因素的提炼，难以有效解释一流学科治理的深层次动因与机理。在接下来的研究中，应该大力提倡交叉学科研究，引入经济学、管理学等相关学科视角，进行单案例研究和比较案例研究，加大实证研究力度，这样更有助于得出令人信服的一般性结论。第四，已有研究大多将学科作为一个节点或主体，研究学科的整体行为，学科内部仍然是一个黑箱。一流学科的生成必然是内外部知识行动者互动的结果。因此，必须打开学科内部的黑箱，揭示学科内部知识行动者的互动关系、资源整合、能力培育等基本问题。同时，有必要引入交易成本、社会网络等理论视角，从内外部网络节点互动的角度深入揭示一流学科的生成机理。

1.3 研究内容与研究方法

1.3.1 研究内容

本研究以一流学科的生成与治理为核心问题，共分为三部分展开。第一部分是绪论，即为第 1 章，分别从问题提出、研究意义、国内外研究现状述评、研究内容及研究方法进行介绍。第二部分是宏观政策分析，包括第 2 至 7 章，分别分析国家层面建设世界一流大学政策、省域“双一流”政策和高校“双一流”政策，这些政策构成了一流学科生成与治理的宏观制度环境。第三部分是微观机理分析，包括第 8 至 10 章，从微观上分析学院高成长及一流学科生成与治理的机理。本研究主要研究内容如下：

第 1 章绪论。介绍问题产生的背景，提炼研究意义，分别从国家层面建设世界一流大学政策研究、省域层面“双一流”政策研究、高校层面“双一流”政策研究、一流学科的生成与治理研究四个方面，对国内外相关文献进行系统梳理，最后介绍本研究的研究内容和研究方法。

第 2 章中国建设世界一流大学政策的总体特征及演进规律。以 1993 至 2018 年中国中央政府发布的 149 份一流大学政策为研究对象，从政策数量、政策主题、政策发布机构、政策类别、政策效力等五个变量及其相互关系角度分析政策的总体特征，在此基础上，进一步从演进动力、演进方式、演进过程三个方面总结政策演进规律。

第3章中国建设世界一流大学政策主体合作网络演化研究。以1993年至2018年中央政府发布的中国建设世界一流大学政策文本为研究对象，运用社会网络研究方法绘制出重点大学和重点学科建设阶段、世界一流大学建设阶段、“双一流”建设阶段的政策主体合作网络图谱，并对网络结构特征进行定量分析，总结中国建设世界一流大学政策主体合作网络演化规律。

第4章中国省域“双一流”政策分析——政策工具视角。以2015年以来中国省域政府出台的30份“双一流”政策文本为研究对象，基于政策工具和政策主题二维研究架构，分别从政策工具维度、政策主题维度、政策工具与政策主题交叉维度进行量化分析，并提出优化策略。

第5章中国省域“双一流”政策的典型特征及主要问题。以2015年以来中国省域政府出台的30份“双一流”政策文本为研究对象，应用内容分析方法，总结省域“双一流”政策的典型特征和存在的问题，最后提出优化策略。

第6章中国高校“双一流”政策分析——政策工具视角。以中国41所一流大学建设高校制定的“双一流”政策文本为研究对象，基于政策工具和政策领域构建二维分析框架，分别从政策工具维度、政策领域维度、政策工具与政策领域交叉维度进行量化分析，最后提出优化对策。

第7章中国高校“双一流”政策的典型特征及主要问题。以中国41所一流大学建设高校制定的“双一流”政策文本为研究对象，应用内容分析方法，总结高校“双一流”政策的典型特征和存在的问题，最后提出优化策略。

第8章学院如何实现高成长——以清华大学经济管理学院为例。在“双一流”建设背景下，学院发展已经成为影响一流大学和一流学科建设的关键。选取清华大学经济管理学院为案例进行探索性研究，引入资源基础理论、战略管理理论等多理论视角探究其成长历程，总结高成长学院的典型特征和治理机制，最后提出学院实现高成长的机理模型。

第 9 章一流学科的生成与治理——多案例研究。在明确一流学科内涵和标准基础上，选取麻省理工学院和斯坦福大学的部分工科学科、英国剑桥大学卡文迪什实验室、哈尔滨工业大学土木工程学科等多个国内外一流学科作为典型案例进行多案例比较研究，总结一流学科演进的典型特征及网络协同演化机理，并提出研究展望。

第 10 章一流学科的生成与治理——单案例研究。选取 H 大学 C 学科进行探索性研究，引入组织生命周期理论探讨其发展演进历程，引入人力资本理论和知识管理理论等探究其演进特征，总结一流学科的演进特征，最后提出基于"环境—战略—要素—结构—能力—绩效"的一流学科生成机理模型。

1.3.2 研究方法

本研究采用的研究方法主要有：

(1)文献研究方法。应用文献研究方法对国家层面建设世界一流大学政策、省域层面"双一流"政策、高校层面"双一流"政策、一流学科的生成与治理的国内外研究文献进行系统梳理、归纳和概括，指出现有研究的不足，并在此基础上，提出本研究的基本研究思路和研究内容。

(2)内容分析方法。本研究在中国建设世界一流大学政策的总体特征及演化规律(第 2 章)、中国建设世界一流大学政策主体合作网络演化研究(第 3 章)、中国省域"双一流"政策分析——政策工具视角(第 4 章)、中国省域"双一流"政策的典型特征及主要问题(第 5 章)、中国高校"双一流”政策分析——政策工具视角(第 6 章)、中国高校“双一流”政策的典型特征及主要问题(第 7 章),应用内容分析方法对国家、省域和高校层面的政策文本进行了量化分析。

(3)案例研究方法。在学院如何实现高成长部分(第 8 章),选取清华大学经济管理学院为典型单案例,分析了高成长学院的典型特征和治理机制,并总结了学院高成长机理模型。在一流学科生成与治理——多案例研究部分(第 9 章),选取麻省理工学院和斯坦福大学的部分工科学科、英国剑桥大学卡文迪什实验室、哈尔滨工业大学土木工程学科、哈尔滨工业大学计算机科学与技术学科、西安交通大学机械工程学科等作为典型案例进行多案例比较研究。在一流学科生成与治理——单案例研究部分(第 10 章),选取 H 大学 C 学科进行典型单案例研究,总结一流学科的演进特征和生成机理模型。

(4)社会网络研究方法。在中国建设世界一流大学政策主体合作网络演化研究部分(第 3 章),运用社会网络研究方法绘制了重点大学和重点学科建设阶段、世界一流大学建设阶段、“双一流”建设阶段的政策主体合作网络图谱,并对网络结构特征进行了定量分析。在学院如何实现高成长部分(第 8 章),应用社会网络理论分析了高成长学院如何通过优化网络节点质量、增强节点间互动,整合外部资源。在一流学科生成与治理——多案例研究部分(第 9 章)、一流学科生成与治理——单案例研究部分(第 10 章),分别应用社会网络理论和方法分析了学科内部知识网络如何整合资源、网络的协同和演化机理等本研究的核心问题。

本研究沿着提出问题、分析和解决问题的思路推进,技术路线如图 1-1 所示。

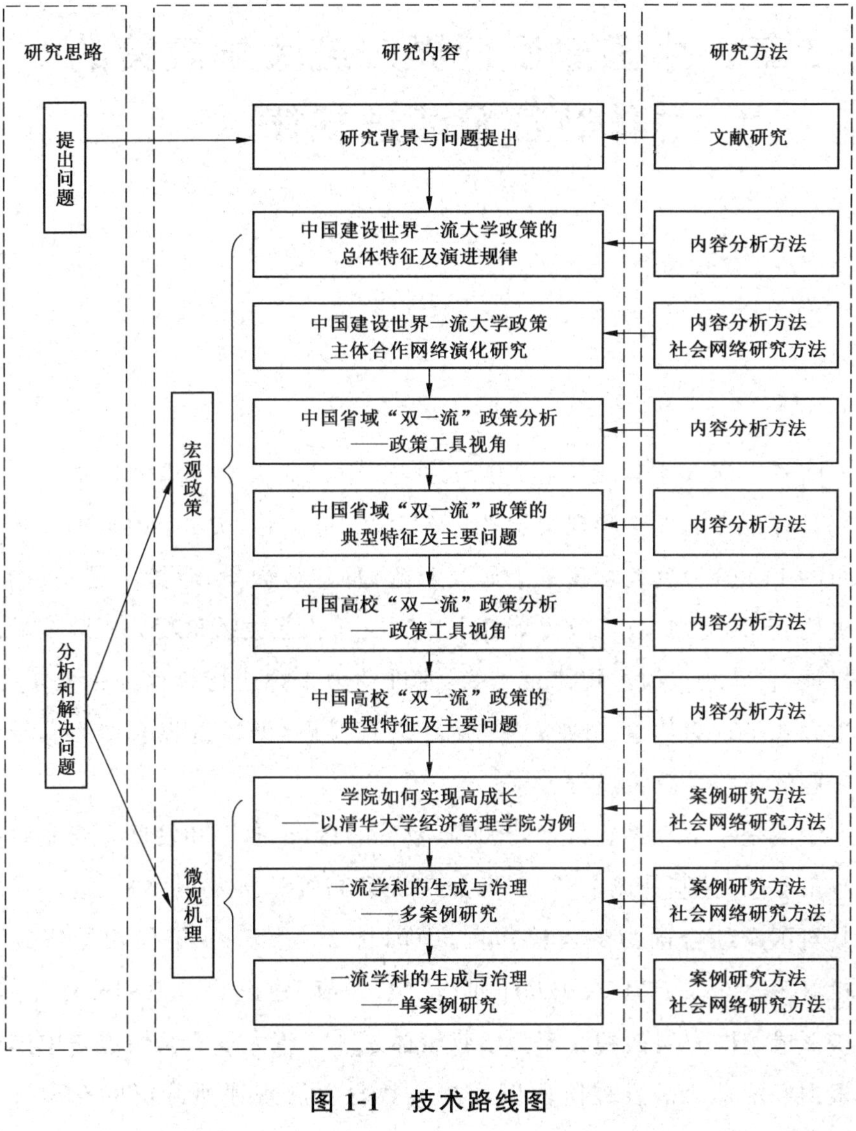
研究思路
研究内容
研究方法
提出问题
研究背景与问题提出
文献研究
中国建设世界一流大学政策的总体特征及演进规律
内容分析方法
中国建设世界一流大学政策主体合作网络演化研究
内容分析方法
社会网络研究方法
宏观政策
中国省域"双一流"政策分析——政策工具视角
内容分析方法
中国省域"双一流"政策的典型特征及主要问题
内容分析方法
分析和解决问题
中国高校"双一流"政策分析——政策工具视角
内容分析方法
中国高校"双一流"政策的典型特征及主要问题
内容分析方法
微观机理
学院如何实现高成长——以清华大学经济管理学院为例
案例研究方法
社会网络研究方法
一流学科的生成与治理——多案例研究
案例研究方法
社会网络研究方法
一流学科的生成与治理——单案例研究
案例研究方法
社会网络研究方法

图 1-1 技术路线图

第2章 中国建设世界一流大学政策的总体特征及演进规律

随着一流大学建设进程的深入推进，对一流大学政策演进规律进行研究具有重要的理论和现实意义。本章以1993至2018年中国中央政府发布的149份一流大学政策为研究对象，从政策数量、政策主题、政策发布机构、政策类别、政策效力等五个变量及其相互关系角度分析政策的总体特征，将其政策演进规律总结为：演进动力来源于持续性地探索学习，演进方式呈现为从单一政策主题到多政策主题，演进过程表现为基于政策主题的非线性政策过程。

中国是一个教育政策生产大国，教育的运行、改革和发展主要靠政府的政策驱动、控制和调节[106]。为加速提升高等教育发展水平、进一步发挥其对国家综合国力的支撑作用，中国自20世纪90年代相继实施了“211工程”“985工程”“2011计划”及“双一流”建设等一系列战略举措，逐步形成了国家层面的一流大学政策体系。一流大学政策演进是中国政府根据经济社会的发展阶段以及高等教育发展规律所开展的探索性活动，深入探究其演进规律，对于理解和优化这一政策体系具有重要的理论和现实意义。

2.1 数据来源与分析维度

2.1.1 数据来源

本研究以1993年作为中国建设一流大学政策的起点，以1993至2018年共计26年的国家层面政策文本作为研究对象。1993年1月12日国务院发布了《国务院批转国家教委关于加快改革和积极发展普通高等教育意见的通知》，明确提出中国将实施"211工程"计划。与新中国成立后发布的全国重点高等学校建设政策相比，这份文件第一次提出了高等教育发展要对标世界先进水平和国际著名大学。1993年之后，中国相继启动了"211工程""985工程""2011计划"及"双一流"建设等战略举措，一流大学政策体系得到不断丰富和完善。

政策文本通过以下几种方式获取：《中华人民共和国现行高等教育法规汇编》、中华人民共和国教育部政府门户网站以及北大法宝数据库。《中华人民共和国现行高等教育法规汇编》收集了1979年至1998年8月中央政府制定的高等教育法律、法规和规章。2000年之后，教育部官方网站以《教育部政报》(2000年至2003年)和《教育部公报》(2004年至2018年)的形式公布了在此期间中国制定的高等教育法律、法规和规章。另外，根据《中国教育改革和发展纲要》《面向21世纪教育振兴行动计划》以及教育部官方网站上发布的"211工程"大事记、"211工程"简介、"985工程"简介以及"211工程""985工程"推进过程中相关领导讲话，通过北大法宝数据库确定了1998至2000年的相关政策文本。此外，通过详细研读中国各阶段的教育发展规划、教育振兴计划等教育规划文件，参考每年发布的《教育部工作要点》、教育部领导讲话等，对一流大学政策查漏补缺。最终收集到212份与一流大学建设有一定关系的政策文本，初步建立了一流大学政策文本数据库。

为保证一流大学政策选取的准确性和代表性，本研究进一步确定了如下政策文本遴选原则：一是政策由中国中央政府发布，即中共中央、国务院、国务院各部委以及相关领导小组为发文单位；二是政策要与世界一流大学建设直接相关；三是政策形式主要包括领导讲话、规划、意见、通知、办法、计划、纲要等。根据以上遴选原则，最终确定 149 份一流大学政策为研究对象，代表性政策文本如表 2-1 所示。

表 2-1　1993—2018 年中国建设一流大学代表性政策文本

序号	政策名称	发文机构	发布时间
1	国务院批转国家教委关于加快改革和积极发展普通高等教育意见的通知	国务院	1993/1/12
2	“211 工程”总体建设规划	国家计委、教委、财政部	1995/11/18
3	江泽民在庆祝北京大学建校一百周年大会上的讲话	中共中央	1998/5/4
4	面向 21 世纪教育振兴行动计划	教育部	1998/12/24
5	2003—2007 年教育振兴行动计划	国务院	2004/2/10
6	关于继续实施“985 工程”建设项目的意见	教育部、财政部	2004/6/2
7	关于实施高等学校创新能力提升计划的意见	教育部、财政部	2012/3/15
8	统筹推进世界一流大学和一流学科建设总体方案	国务院	2015/10/24
9	“长江学者奖励计划”管理办法	教育部	2018/9/21
10	高等学校乡村振兴科技创新行动计划（2018—2022 年）	教育部	2018/12/29

2.1.2 分析维度

对政策文本进行系统分析，需要综合考察其结构性变量及其相互关系所揭示的规律。本研究根据一流大学政策的特点，确定对政策数量、政策主题、政策发布机构、政策类别、政策效力等五个方面变量及其相互关系进行系统分析，变量及指标如表 2-2 所示。

表 2-2 变量及指标

变量名	指标及相关说明
政策数量	以份/年为单位。
政策主题	根据政策名称并通过阅读政策文本，提炼归纳政策主题共计 12 类，包括：发展规划、高等教育改革、“211 工程”、重点学科、高层次人才、“985 工程”、基础研究、高校科技、哲学社会科学、平台建设、“2011 计划”、“双一流”。
政策发布机构	政策发布机构分为两类：一是单独发文机构，包括中共中央、国务院、国务院各部委等；二是联合发文机构，由 2 个及 2 个以上机构联合发布政策。
政策类别	根据政策名称，将其归纳为 6 类：规划、方案、意见、办法、通知、讲话。
政策效力	根据发布政策机构的级别，将政策效力从高到低分为 3 个等级：A 等（中共中央、国务院发布）、B 等（领导小组、国务院各部委发布）、C 等（国务院部委下属各机构发布）。

2.2 中国建设世界一流大学政策的总体特征

2.2.1 政策数量分析

中国中央政府在 1993—2018 年 26 年时间内总计发布一流大学政策

149 份，年度发布政策情况如图 2-1 所示。

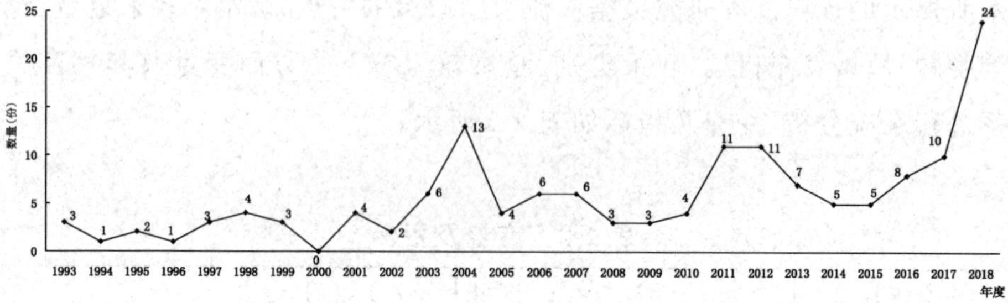

图 2-1 一流大学政策年度发布数量趋势图

对图 2-1 的分析可以得出如下结论：第一，一流大学政策供给力度总体上呈现稳中有升趋势。从总体趋势上看，26 年间年度平均发布政策 5.7 份，说明中国在一流大学政策领域保持了稳定的政策供给；从年度发布政策上分析，2002 年之前年度发布政策数量均低于平均值，2003 年之后有 10 个年度的政策发布数量超过平均值，政策供给总体上呈递增趋势。第二，年度发布政策表现出一定的不平衡性。个别年度如 2018 年发布 24 份、2004 年发布 13 份、2011 年和 2012 年均发布 11 份、2017 年发布 10 份等，年度发布政策数量比较密集；另一些年度如 2000 年没有发布政策，1994 年和 1996 年均发布 1 份，年度发布数量较少。

2.2.2 政策主题分析

通过对政策名称中关键词的提取并进行归纳汇总，本研究将一流大学政策主题分为 12 类，政策主题的年度分布情况如表 2-3 所示。由表 2-3 可知，排名前 5 位的政策主题分别是：发展规划 22 份、高等教育改革 19 份、高校科技 19 份、哲学社会科学 19 份、高层次人才 16 份。而一般意义上理解的与一流大学建设最直接相关的“211 工程”11 份、“985 工程”6 份、“2011 计划”8 份、“双一流”建设 5 份。由此可见,需要从总体上把握一流大学政策体系,中国中央政府在实践中通过 12 类政策的丰富和完善,不断推进一流大学建设。

表 2-3　一流大学政策主题年度分布表

年度	政策主题											
	发展规划	高等教育改革	“211 工程”	重点学科	高层次人才	“985 工程”	基础研究	高校科技	哲学社会科学	平台建设	“2011 计划”	“双一流”
1993	1	1	1									
1994		1										
1995			1	1								
1996			1									
1997			2		1							
1998	1		1		1	1						
1999					2				1			
2001	1	1					1	1				
2002			1					1				
2003			2					1	2	1		
2004	3				3	3		3	1			
2005					1				2			
2006	1			2	1			1		1		
2007	1	2		1						2		
2008			2	1	1							

（续表）

年度	政策主题											
	发展规划	高等教育改革	“211工程”	重点学科	高层次人才	“985工程”	基础研究	高校科技	哲学社会科学	平台建设	“2011计划”	“双一流”
2009				1				2				
2010	2			1		1						
2011	4				2				4		1	
2012	3	2					1	1	1		3	
2013	1	2				1			2		1	
2014									1	2	2	
2015		1						2		1		1
2016	1	1			1			2	2	1		
2017	2	1			1			1	2			3
2018	1	7			2		7	4	1		1	1
总计	22	19	11	7	16	6	9	19	19	8	8	5

对表2-3的进一步分析表明，中国在一流大学建设进程中，政策主题在不断地丰富发展。总体上，随着时间推移，政策主题处于不断地调整过程中，原有政策主题不断强化或调整，新的政策主题不断加入，从而使政策体系更加完善。中央政府于1993年发布了“发展规划”“高等教育改革”“211工程”等3个政策主题的政策，1995年新增了“重点学科”，1997年新增了“高层次人才”，1998年新增了“985工程”，1999年新增了“哲学社会科学”，2001年新增了“基础研究”和“高校科技”，2003年新增了“平

台建设”,2011 年新增了“2011 计划”,2015 年新增了“双一流”。同时一些原有政策主题在调整过程中不再供给,如“双一流”政策实施后,“211 工程”“985 工程”“重点学科”等政策主题不再新增政策。2018 年发布的政策覆盖了 8 个政策主题,可以视为当前政策供给的重点领域。通过对政策主题调整的分析,可以更深刻地理解一流大学政策的变迁过程。图 2-2 是根据表 2-3 绘制的一流大学政策主题年度分布图。

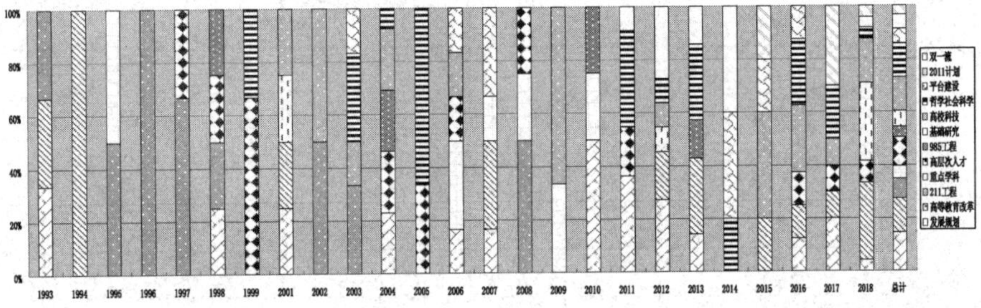

图 2-2　一流大学政策主题年度分布图

2.2.3　政策发布机构分析

表 2-4 展示了政策发布机构和政策类别的交互情况。从政策发布机构分析,单独发文共计 87 份,占 58.4%;联合发文 62 份,占 41.6%。这说明,在一流大学建设过程中,单独发文和联合发文均发挥了重要作用。单独发文的机构中,中共中央发文 3 份,占 3.5%;国务院单独发文 8 份,占 9.2%;教育部发文 60 份,占单独发文总数的 69%。中共中央、国务院和教育部单独发文占到总数的 81.7%,充分说明了三个机构在一流大学建设推进过程中的主导作用。其他单独发文的机构包括“211 工程”部际协调小组办公室、财政部、电力工业部、国防科工委、国家中医药管理局、国务院办公厅、教育部办公厅、司法部等 8 个机构,共计发布政策 16 份,

占发文总数的18.3%。

表2-4　一流大学政策发布机构及政策类别交互表

政策发布机构		政策类别						总计
		规划	方案	意见	办法	通知	讲话	
单独发文	中共中央			1			2	3
	国务院	5	1	2				8
	教育部	18	2	11	19	10		60
	其他	1		2	8	5		16
	小计	24	3	16	27	15	2	87
联合发文	2机构	8	1	17	6	6		38
	3机构	2	1	7	4	3		17
	5机构	1		1				2
	6机构			1				1
	7机构	3						3
	8机构		1					1
	小计	14	3	26	10	9	0	62
总计		38	6	42	37	24	2	149

在联合发文机构中，2机构发文38份，占联合发文总数的61.3%；3机构发文17份，占联合发文总数的27.4%。2机构和3机构发文占联合发文总数的88.7%。5机构、6机构、7机构、8机构总计发布7份，占总数的11.3%。这说明联合发文以2机构和3机构为主。联合发文中，中共中央、国务院联合发文6份。教育部参与了53份联合文件的发布，且绝大多数为牵头发布机构。其他的3份政策，1份为中共中央办公厅和国务院办公厅联合发布，另2份为国家教委财政厅和教育部办公厅参与

发布。由此可见，联合发布的一流大学政策仍然以中共中央、国务院、教育部为主导。其他机构中，财政部参与发布32份政策，财政部参与了除“基础研究”和“高校科技”之外的其他10个政策主题领域，为相关建设项目的推进提供重要的财政支持。国家发改委参与发布13份政策，发改委牵头制定了《“211工程”总体建设规划》等相关政策推动“211工程”三个周期的建设，并作为重要机构参与到“双一流”建设中。科技部参与发布10份政策，7份政策作为牵头制定机构，科技部在基础研究、高校科技创新、科技人才发展规划等领域均发挥了十分重要的作用。

通过表2-4可以进一步分析发文机构经常使用的政策类别。对单独发文情况进行分析发现，中共中央通常使用的政策类别是意见和讲话，《江泽民在庆祝北京大学建校一百周年大会上的讲话》和《胡锦涛在庆祝清华大学建校100周年大会上的讲话》是“985工程”和“2011计划”的启动文件，《中共中央关于进一步繁荣发展哲学社会科学的意见》则将繁荣哲学社会科学提升为国家发展战略。国务院单独发布的8份政策采取的政策类型是规划、方案和意见。中共中央和国务院共计联合发布6份文件，4份以意见形式、2份以纲要形式公布。由此可以得出如下结论：中共中央和国务院经常采用的政策类别是讲话、意见、规划和方案，而中共中央总书记的讲话是中共中央发布政策的独有形式。各领导小组、教育部及国务院其他部委等机构单独或联合发文采用了除讲话之外的其他5个政策类别。总体上，中共中央、国务院出台的讲话、意见、规划和方案是相关政策主题的纲领性文件，其关注的政策主题更宏观，而教育部等各部委则更多地通过办法、规划、意见、通知等进一步落实。

2.2.4 政策类别分析

图2-3展示了一流大学政策类别分布情况。由图2-3可见，意见、规

划、办法、通知是应用较多的政策类别，以上政策类别使用占到总数的95%。方案和讲话使用相对较少。

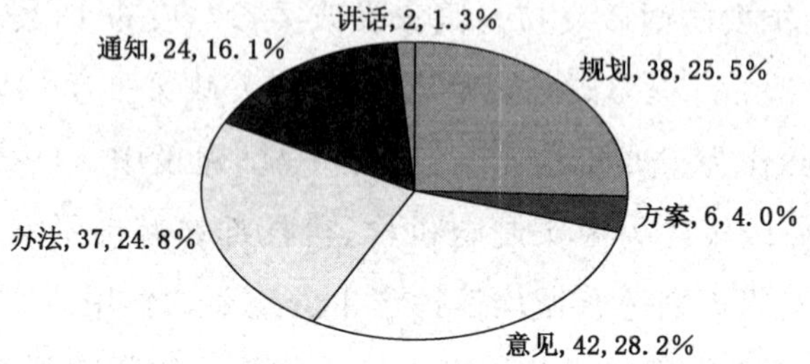

图 2-3　一流大学政策类别分布图

表 2-5 展示了政策类别与政策主题的交互关系。可以对表 2-5 进行纵横两个方向的分析。纵向上，可以分析每一政策主题使用了哪些政策类型。如以基础研究政策主题为例，按照时间先后顺序，教育部发布的政策分别是：《关于进一步加强高等学校基础研究工作的指导意见》（教技〔2012〕2 号）、《高等学校基础研究珠峰计划》（教技〔2018〕9 号）、《前沿科学中心建设方案（试行）》（教技〔2018〕10 号）、《关于细胞干性与命运编辑前沿科学中心立项建设的通知》（教技函〔2018〕81 号）等。结合"985 工程""2011 计划"首先由中央领导讲话发起的特点，可以将中国中央政府针对每一政策主题使用的完整政策类别的先后顺序总结为：讲话、意见、规划、方案、办法、通知。在实际使用过程中，可能只使用了其中的部分政策类别，但发布政策的类别顺序大致如此。某一政策主题中的政策可能从以上政策类别中的任意一种开始，再按照顺序形成一个循环。在分阶段实施的政策中，相应政策类别可能会重复使用。横向上，可以分析每一政策类别在不同政策主题的使用情况，如规划这一政策类别应用在 8 个

政策主题中，其中发展规划政策主题属于教育领域的综合规划，其他的 7 个政策主题有专门的发展规划。意见和通知应用到所有政策主题中，办法应用到 8 个政策主题中。方案和讲话应用相对较少，方案应用到了 5 个政策主题中，讲话只应用到了 2 个政策主题中。

表 2-5　一流大学政策类别与政策主题交互表

政策类别	政策主题											总计
	发展规划	高等教育改革	“211工程”	重点学科	高层次人才	“985工程”	基础研究	高校科技	哲学社会科学	平台建设	“2011计划”	“双一流”	
规划	22		1		1		1	5	6	1	1		38
方案			1		2		1				1	1	6
意见		18	2	3	2	2	2	5	5	1	1	1	42
办法			5	2	9	2		7	6	4		2	37
通知		1	2	2	2	1	5	2	2	2	4	1	24
讲话						1					1		2
总计	22	19	11	7	16	6	9	19	19	8	8	5	149

2.2.5　政策效力分析

表 2-6 展示了政策效力与政策主题的交互关系。A 类政策的发布机构是中共中央、国务院，具有最高等级。A 类政策共计 17 份，占总数的 11.4%，分布在 8 个政策主题：发展规划和高等教育改革政策主题共计 9 份，占 53%；其他 8 份政策分布在高层次人才、“985 工程”、高校科技、哲学社会科学、“2011 计划”和“双一流”政策主题。B 类政策共计 123 份，占总数的 82.6%，分布在所有政策主题。B 类政策的发布机构主要是教育

部，以及国务院其他部委。C类政策9份，占总数的6%，分布在4个政策主题。C类政策均与教育部办公厅相关，8份为其单独发文、1份为其牵头与其他部门联合发文。

表 2-6　一流大学政策效力与政策主题交互表

政策效力		政策主题												总计
		发展规划	高等教育改革	“211工程”	重点学科	高层次人才	“985工程”	基础研究	高校科技	哲学社会科学	平台建设	“2011计划”	“双一流”	
A类	中共中央						1			1		1		3
	国务院	5	2										1	8
	联合发文	1	1			1			2	1				6
	小计	6	3			1	1		2	2		1	1	17
B类	教育部	8	6	1	3	11		8	10	8	5			60
	其他		1	2	3						2			8
	联合发文	7	10	7	1	4	5	1	5	4	1	6	4	55
	小计	15	17	10	7	15	5	9	15	12	8	6	4	123
C类	教育部办公厅								2	5		1		8
	联合发文			1										1
	小计			1					2	5		1		9
总计		21	20	11	7	16	6	9	19	19	8	8	5	149

2.3 中国建设世界一流大学政策的演进规律

2.3.1 演进动力:持续地探索学习

中国发布的一流大学政策演进的动力来源于持续地探索学习,这种探索学习不仅包括内生性学习,即决策系统过去和现在的政策经验的积累,也来源于外生性学习,即决策系统面向外部系统的学习。

新中国成立后,中国曾多次出台政策建设全国重点大学。建设世界一流水平的大学对决策系统是一个新鲜事物,因此首先要进行内生性学习,学习过去出台重点大学建设政策的经验,在工作推进过程中进行持续地探索。以“211 工程”为例,1993 年 1 月 12 日发布《国务院批转国家教委关于加快改革和积极发展普通高等教育意见的通知》,决定实施“211 工程”,1995 年 11 月 18 日发布《“211 工程”总体建设规划》正式启动“211 工程”。从决定实施到正式实施,时间间隔将近 3 年。在此期间,国家教委成立“211 工程”协调小组和领导小组并下设办公室,多次召开领导小组会议研讨“211 工程”实施方案,并就相关重大问题向党中央和国务院汇报请示,针对“211 工程”实施方案多次组织专家研讨,发布了“211 工程”第一个指导性文件《关于重点建设一批高等学校和重点学科点的若干意见》,研究部署开展“211 工程”部门预审工作等等。可见,一项政策的启动背后是决策系统内部反复酝酿、探索学习的过程。同时在“211 工程”推进过程中,“211 工程”部际协调小组办公室在每个建设阶段都会召开会议进行总结,从而不断完善后续出台的政策。

外生性学习,仍然以“211 工程”为例。在“211 工程”启动后,1996 年国家教委与英国教育部、英国文化委员会、英格兰高等教育拨款委员会等开展了“211 工程”中英高等教育合作项目,在 1996 至 2004 年共计召开7 次交流研讨会,围绕着学科评估、高等学校办学质量、高校战略规划与管理、实验性学科评估等主题开展了深入学习研讨。通过向发达国家学习先进的办学经验，对进一步优化一流大学政策体系发挥了积极作用。

2.3.2 演进方式：单一政策主题到多政策主题

由上文对表 2-3 和图 2-2 的分析，我们已经得出结论：一流大学政策的演进方式总体上是从单一政策主题向多政策主题演进，政策体系不断丰富和发展。进一步分析发现，这一总体政策演进方式具体表现为三个方面的调整变化。

一是原有政策的渐进改变。以重点学科建设政策为例，国家教委于 1987 年发布了《关于做好评选高等学校重点学科申报工作的通知》，中国正式启动了重点学科建设工作。20 世纪 90 年代和 21 世纪的重点学科建设政策是中国在新的时代背景下对重点学科建设政策的阶段性调整。"211 工程"实施过程中三个阶段的政策，后一阶段也是对前一阶段政策的渐进调整。这种渐进改变有时表现为原有政策主题中政策的丰富发展。如以哲学社会科学为例，中国发布了繁荣和发展哲学社会科学的相关意见、规划、办法等，同时在这一政策主题下还发布了高等学校人文社会科学重点研究基地建设、中国特色新型高校智库建设、高校思想政治工作等相关政策，这是高校哲学社会科学政策的进一步丰富和发展。

二是新政策的出台，主要表现基于新政策主题的政策不断发布。随着 1993 年中国启动"211 工程"计划，政策主题逐步扩展到 12 类，政策体系不断丰富和发展。政策主题的扩展是对一流大学政策更深入理解的结果，有时也是各利益群体博弈的结果。如高层次人才、哲学社会科学、高校科技、基础研究政策主题政策的持续供给，是对一流大学政策的有力补充。而2006年启动的优势学科创新平台项目以列入“211工程”但未列入“985工程”的高校为建设范围，2010年启动的“特色重点学科项目”以非“211工程”学校中的国家重点学科为建设范围，即是对一流大学政策的有益补充，但由于其与发布的“985工程”二期建设、重点学科建设等相关政策时间间隔较长，因此也一定程度上体现出相关高校群体在此期间的利益博弈。

三是政策的重大调整。如“双一流”建设的启动，是为了克服原有政策身份固化、竞争缺失、重复交叉等问题，统筹谋划和推进世界一流大学和一流学科建设，因此原有的“211工程”“985工程”“优势学科创新平台”和“特色重点学科项目”等重点建设政策不再实施，这是对一流大学政策的重大调整。

2.3.3 演进过程：基于政策主题的非线性政策过程

自拉斯韦尔提出传统的阶段分析框架以后，公共政策过程一般被分为议程设置、政策规划、政策制定、政策执行、政策评估和政策终结六个阶段。对一流大学政策的深入分析发现，其演进过程表现为基于每一政策主题的非线性政策过程。政策演进过程一般会涵盖政策过程的全部或部分环节，但这并不是一个线性演进的过程，而是非线性的，政策可能经历多次的次循环或再循环，在具体政策内容上也展现出其独有特点，如表2-7、表2-8所示。

表 2-7 一流大学政策演进过程

政策过程	具体内容
议程设置	向中央政府提出政策诉求、国家领导人批示、研究落实批示精神的意见
政策规划	起草并发布规划、纲要或计划等
政策制定	发布总体方案、实施方案等
政策执行	发布管理办法、资金使用办法等
政策评估	对管理办法、资金使用办法等政策进一步修正、完善或考虑终止
政策终止	政策终止并酝酿新的政策

表 2-8 典型一流大学政策的演进过程

政策主题	政策过程	政策名称	发布机构	时间
"2011计划"	议程设置	胡锦涛在庆祝清华大学建校100周年大会上的讲话	中共中央	2011/4/24
		关于实施高等学校创新能力提升计划的意见	教育部、财政部	2012/3/15
	政策规划	高等学校创新能力提升计划实施方案	教育部、财政部	2012/5/4
		关于公布2012年度协同创新中心认定结果的通知	教育部、财政部	2013/5/17
		2011协同创新中心建设发展规划	教育部、财政部	2014/4/11
		2011协同创新中心政策支持意见	教育部、财政部	2014/4/11
		2011协同创新中心认定暂行办法	教育部、财政部	2014/4/11

（续表）

政策主题	政策过程	政策名称	发布机构	时间
“2011计划”	政策实施	关于公布2014年度“2011协同创新中心”认定结果的通知	教育部、财政部	2014/10/11
	政策评估	关于组织开展协同创新中心评估工作的通知	教育部办公厅	2018/10/11

下面主要以“985工程”和“2011计划”推进过程中的政策过程为例，对以上六个阶段做出说明。

第一阶段议程设置，政策发起者向中央政府提出政策诉求，得到国家领导人肯定性批示后，再进一步研究落实意见。以“985工程”为例，北京大学充分抓住百年校庆机遇，与相关政策企业家一起沟通协商，通过给江泽民主席起草校庆讲话稿发起政策诉求。江泽民主席在1998年5月4日北大百年校庆的讲话中正式提出“为了实现现代化，我国要有若干所世界先进水平的一流大学”。国家领导人的讲话打开了政策之窗，教育部随即在全国教育系统开展学习讲话精神的活动并研究部署落实讲话精神。在“2011计划”推进过程中，2011年4月24日《胡锦涛在庆祝清华大学建校100周年大会上的讲话》中提出：“要积极推进协同创新、大力提升高等学校创新能力。”为落实讲话精神，教育部、财政部2012年3月15日联合发布《关于实施高等学校创新能力提升计划的意见》，提出实施“2011计划”。

第二阶段政策规划，相关机构根据第一阶段的实施意见，起草并发布规划、纲要或计划。如为落实江泽民主席北大百年校庆讲话精神，教育部在起草的《面向21世纪教育振兴行动计划》中明确提出启动“985工程”建设，在得到国家科技教育领导小组审议并原则通过后，于1998年12月

24 日正式发布政策。

第三阶段政策制定，提出具体的实施方案。如教育部、财政部于2012 年 5 月 4 日联合发布《高等学校创新能力提升计划实施方案》，对“2011 计划”的基本要求、实施原则、计划管理、实施方式、支持措施等做了详细说明。

第四阶段政策执行，根据实施方案出台更细化的管理办法、资金使用办法等，进入政策的实施阶段。教育部、财政部 2013 年 5 月 17 日发布了《关于公布 2012 年度协同创新中心认定结果的通知》，“2011 计划”正式实施。2014 年 4 月 11 日发布了《2011 协同创新中心建设发展规划》等三份政策，加强“2011 计划”实施过程中的宏观指导。

第五阶段政策评估，对已有政策实施效果进行评估。教育部办公厅2018 年 10 月 11 日发布《关于组织开展协同创新中心评估工作的通知》，对两批次共计 38 个“2011 协同创新中心”进行评估。

第六阶段政策终结，旧政策的终结和新政策的出台，政策制定进入下一个政策循环。如随着“985 工程”等重点建设政策的终止，“双一流”建设正式启动。

2.4 研究结论

随着一流大学建设进程的推进，中国中央政府发布的一流大学政策体系不断丰富和发展，对其演进规律进行深入探讨具有重要的理论和现实意义。本研究以中国中央政府于 1993 年至 2018 年发布的 149 份政策文本为研究对象，力求从宏观上探究其演进规律。

对一流大学政策总体特征进行了分析。政策数量总体上稳中有升，且年度发布数量存在一定的不均衡性。政策主题不断丰富和发展,一度达到12个,且当前政策供给稳定在8个政策主题。政策发布机构形成了以中共中央、国务院和教育部为主导,财政部、发改委、科技部等机构发挥了积极作用。基于每一政策主题发布政策类别的先后顺序一般为:讲话、意见、规划、方案、办法和通知。不同效力的政策侧重发布在不同政策主题中。

对一流大学政策的演进规律进行了深入分析。一流大学政策的演进动力来源于持续性地探索学习,这种探索学习表现为决策系统内部学习的内生性学习和向决策系统外部学习的外生性学习两种方式。政策的演进方式总体上表现为由单一政策主题向多政策主题的演进,具体表现为:原有政策的渐进改变、新政策的出台以及政策的重大调整。基于每一政策主题的政策过程一般会涵盖议程设置、政策规划、政策制定、政策执行、政策评估和政策终结六个环节或部分环节,演进过程是非线性的,每个环节的具体政策内容表现出其独有特点。

本研究以政策文本为研究对象,从宏观和整体上对一流大学政策体系进行了量化研究,得出了一些有意义的结论。在今后的研究中,应该引入政策演进分析的理论视角,从而更深入地理解中国建设世界一流大学的政策演进过程。

第3章　中国建设世界一流大学政策主体合作网络演化研究

本研究以1993年至2018年中央政府发布的157份建设世界一流大学政策文本为研究对象，运用社会网络研究方法绘制出重点大学和重点学科建设阶段、世界一流大学建设阶段、“双一流”建设阶段的政策主体合作网络图谱，并对网络结构特征进行定量分析。研究发现，中国建设世界一流大学政策主体间形成了分散但各有侧重的合作结构，政策主体合作网络随着国家发展战略的变化而不断适应和演化，分散-耦合型网络将成为未来政策主体合作网络结构的基本形态。

中国自20世纪90年代起相继实施了“211工程”“985工程”“优势学科创新平台”“特色重点学科项目”“2011计划”及“双一流”建设等政策，逐步形成了中国建设世界一流大学的政策体系。中国建设世界一流大学政策体系涉及多个政策主体之间的协同合作，不同主体之间的合作发挥不同职能，推动不同政策主题发展和演进。深入探究中国建设世界一流大学政策主体协同演进路径和演进规律，对于理解和完善这一政策体系具有重要的理论和现实意义。

随着实践领域公共政策的持续供给，对中国建设世界一流大学政策的研究逐步成为热点。虽然这一领域的研究文献不断丰富，但尚未发现政策主体方向的研究成果。同时，我们发现对政策主体的研究已经引起了其他领域学者的重视，如在科技政策领域，黄萃等（2015）分析了中国科技创新政策府际合作关系演进特征[107]，刘凤朝等（2012）分析了中国科技政策制定主体协同演变的特点和趋势[108]，徐倪妮等（2018）分析了中国科技人才政策主体协同演变路径及特征[109]。

以上分析表明，既有文献缺乏对中国建设世界一流大学政策主体的研究，尚未有学者系统分析中国建设世界一流大学政策主体合作网络的结构特征和演化规律。基于此，本研究将引入社会网络研究方法，系统分析中国建设世界一流大学政策主体在不同发展阶段的合作结构及其特征，深入探究政策主体合作网络的演化规律，从而加深对这一政策体系的理解。

3.1 数据来源与研究方法

3.1.1 数据来源

本研究以 1993—2018 年共计 26 年的中国建设世界一流大学政策文本为研究对象。政策文本主要来源于《中华人民共和国现行高等教育法规汇编》、中华人民共和国教育部政府门户网站以及北大法宝数据库。1979 年至 1998 年中央政府制定的高等教育法律、法规和规章通过《中华人民共和国现行高等教育法规汇编》收集。结合教育部网站上发布的“211 工程”大事记及“985 工程”推进过程中相关领导讲话，通过北大法宝数据库确定了 1998—2000 年的相关政策文本。2000 年之后中央政府制定的高等教育法律、法规和规章通过教育部门户网站的《教育部政报》（2000 年至 2003 年）和《教育部公报》（2004 年至 2018 年）获取。

为了进一步保证样本选取的准确性、有效性和针对性，本研究按照以下原则对政策文本进行遴选：一是选取中国中央政府（中共中央、国务院、中共中央和国务院各组成机构、相关领导小组等）发布的政策文本；二是政策文本要与中国建设世界一流大学主题密切相关；三是政策类型主要选取领导讲话、纲要、规划、计划、意见、通知、办法等。根据以上原则，本研究最终确定了 157 份中国建设世界一流大学政策文本作为研究对象。

3.1.2 研究方法

社会网络研究方法是一套用来分析社会行动者之间构成关系的网络结构、性质以及属性的理论和方法的集合[110]。该方法是以人类学、心理学和统计学等学科为基础发展起来的，已经具有 80 多年的历史。“社会网络”指的是社会行动者（social actor）及其关系的集合。也可以说，一个社会网络是由多个点（社会行动者）和各点之间的连线（行动者之间的关系）组成的集合[111]。政策文本通常由多个部门共同发布，部门之间存在合作关系，因此可以应用社会网络研究方法进行分析。

本研究首先构建中国建设世界一流大学政策发布各阶段政策主体之间的合作矩阵，继而应用 Netdraw 软件绘制政策主体合作网络知识图谱，并应用 UCINET6.0 计算出网络结构特征。网络结构特征应用样本数量、年均样本数量、网络规模、网络中心势、网络密度、网络关系数、网络联结频次、网络形态等指标进行测度。样本数量表征发布的政策文本总数，年均样本数量表征平均每年发布政策文本数量，网络规模表征发布政策所涉及政策主体的数量，网络中心势表征政策主体间“权力分配”情况，网络密度表征政策主体联系的紧密程度，网络关系数表征两两主体联合发布政策的连接数，网络联结频次表征主体之间联合发布政策的总次数，网络形态表征网络中心势和网络密度的交叉关系。本研究参照魏娜等(2019)的分类[112]，应用网络中心势和网络密度两个指标的不同组合，表征不同的网络结构形态，如表3-1所示。

表3-1 网络中心势与网络密度关系下的网络结构形态

		网络中心势	
		高	低
网络密度	高	协调型网络	分散-耦合型网络
	低	中心-边缘型网络	松散型网络

3.2 中国建设世界一流大学政策主体合作网络关系演化实证分析

中国建设世界一流大学政策是依据不同时期国家发展战略而不断调整变化的，呈现出比较明显的阶段性特征。1993年国务院发布的《国务院批转国家教委关于加快改革和积极发展普通高等教育意见的通知》标志着"211工程"正式启动，1998年江泽民总书记在北京大学百年校庆上的讲话标志着"985工程"正式启动，2015年国务院发布的《统筹推进世界一流大学和一流学科建设总体方案》标志着"双一流"建设正式启动。基于以上时间节点，本研究将中国建设世界一流大学政策划分为三个阶段：重点大学和重点学科建设阶段(1993—1997年)、世界一流大学建设阶段(1998—2014年)和"双一流" 建设阶段(2015—2018年)。

3.2.1 数据描述性分析

表3-2呈现了中国建设世界一流大学政策发文主体和发文类别情

况。157份政策文本在发文主体和发文类别数量上呈现出一定的非均衡分布特征。参与中国建设世界一流大学政策的发文主体共39个，涵盖了不同类型、不同层级机构，包括中共中央，国务院，中共中央直属机构，国务院部委、直属机构、直属事业单位以及科学技术相关行业协会等。单独发文94份，占59.9%，联合发文63份，占40.1%，说明单独发文和联合发文均发挥了重要作用。

表3-2 中国建设世界一流大学政策发布主体和发文类别交互表

发文主体	发文类别	单独发文数	联合发文数	发文总数
中共中央	意见、讲话	5	5	10
国务院	规划、方案、意见	7	6	13
教育部(国家教委)	规划、方案、意见、通知、办法	66	55	121
财政部	规划、意见、通知、办法	2	32	34
科技部	通知、意见	0	11	11
其他(中共中央直属机构，国务院其他部委、直属事业单位、直属机构，行业协会等)	通知、意见、办法	14	38	52
总计	讲话、规划、方案、意见、通知、办法	94	63	157

单独发文中，教育部单独发文66份，占70.2%。中共中央和国务院单独发文共计12份，占12.8%。中共中央、国务院发布的政策数量虽然不多，但一般都是纲领性文件，引领一流大学建设方向。中共中央、国务院和教育部单独发文共占83%，是中国推进世界一流大学建设的主要力量。财政部单独发文占2.1%，其他主体单独发文占14.9%，其他单独发

文主体包括国务院办公厅、“211 工程”部际协调小组办公室、教育部办公厅、国防科工委、司法部、电力工业部、国家中医药管理局等 7 个机构。

联合发文情况如图 3-1 所示，2 个主体发文 40 份，占 63.5%；3 个主体发文 16 份，占 25.4%；4 个主体、5 个主体、6 个主体、7 个主体和 8 个主体发文总计 7 份，占 11.1%。可见，中国建设世界一流大学政策联合发文以 2 个主体和 3 个主体为主。63 份联合发文中，教育部参与 55 份、中共中央和国务院联合发文 6 份，其余 2 份分别由国家教委财政司与财政部文教司、中央办公厅与国务院办公厅发布，这也表明中国建设世界一流大学政策联合发文仍以中共中央、国务院和教育部为主导。此外，财政部联合发文 32 份，为世界一流大学建设提供了重要的财政支撑。科技部联合发文 11 份，在高校科技工作、基础研究、人才发展规划等方面都发挥了重要的牵头作用。

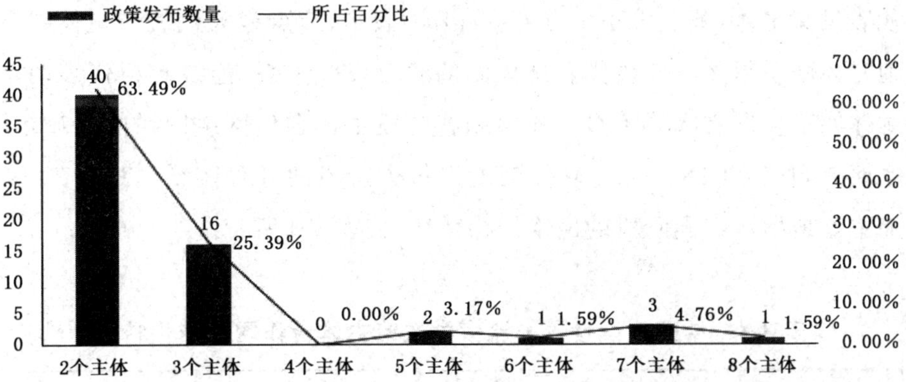

图 3-1　中国建设世界一流大学政策联合发文主体与相应政策发布数量

对 157 份政策文本进一步分析发现，在政策发布类别上，中共中央和国务院发布的政策主要以意见、讲话为主，是中国建设世界一流大学政策的纲领性文件，从宏观层面倡导中国建设世界一流大学的发展目标与方向，中共中央总书记讲话是中共中央发布政策的特有形式。教育部、财政部、科技部以及其他机构主要采取规划、方案、意见、通知、办法等政策类别，更多关注政策落实。此外，通过对每年单独发文和联合发文数及年度发文趋势分析发现，单独发文数和联合发文数在年度上都有明显波动，但总体上都随着年度的递进而呈递增趋势。值得注意的是，单独发文数和联合发文数在 1998 年之后都有明显递增的趋势。

3.2.2 中国建设世界一流大学政策主体合作网络演化分析

为更清晰呈现中国建设世界一流大学政策主体合作网络关系，本研究应用 UCINET6.0 软件绘制出重点大学和重点学科建设阶段（1993—1997 年）、世界一流大学建设阶段（1998—2014 年）和“双一流”建设阶段（2015—2018 年）的政策主体合作网络知识图谱（图 3-2 至图 3-4）。节点代表发文主体，节点大小由点度（degree）表示，节点越大代表该主体与其他主体联系越多。连线代表主体间的联合发文关系，连线越粗代表两个主体间联合发文次数越多。在绘制各阶段主体合作网络图谱的基础上，本研究利用 UCINET6.0 软件测度出每个阶段的 8 种网络结构指标，从而更好地揭示不同阶段的网络结构特征，如表 3-3 所示。

表 3-3 中国建设世界一流大学政策主体合作网络结构特征

	1993—1997 年	1998—2014 年	2015—2018 年
样本数量	10	100	47
年均样本数量	2	5.9	11.8
网络规模	9	26	23
网络中心势	0.2411	0.1129	0.1518

（续表）

	1993—1997 年	1998—2014 年	2015—2018 年
网络密度	0.2500	0.4677	0.2095
网络关系数	6	50	38
网络联结频次	18	304	106
网络形态	中心-边缘型	分散-耦合型	分散型

(1)重点大学和重点学科建设阶段政策主体合作网络分析

1992 年党的十四大确立了社会主义市场经济体制改革目标，社会主义现代化建设和改革开放进入关键时期。实施科教兴国战略、加快高等教育改革成为高等教育的首要任务，这一阶段世界一流大学建设政策主要集中在高等教育改革发展以及“211 工程”两个领域。

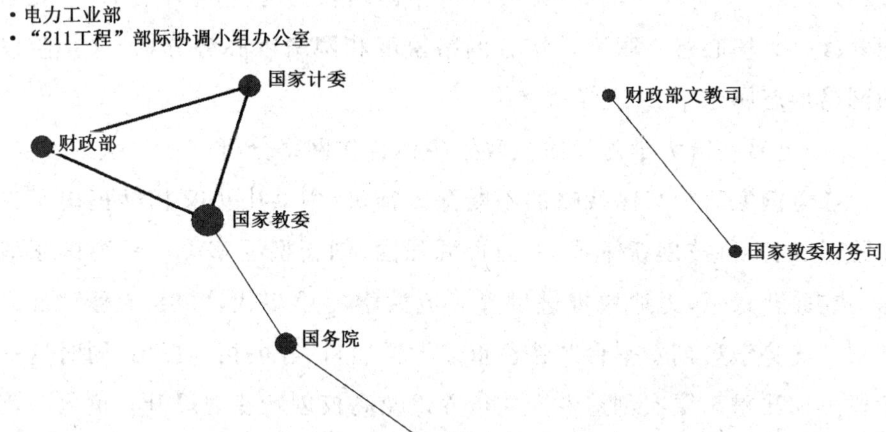

图 3-2　重点大学和重点学科建设阶段政策主体合作网络知识图谱

这一阶段共发布政策 10 份，年均发布 2 份。单独发文 5 份，联合发文5份。10份政策涉及9个政策主体。未参与联合发文的政策主体2个，分别是“211工程”部际协调小组办公室和电力工业部。参与联合发文的主体7个，分别是中共中央、国务院、国家教委、财政部、国家计委、财政部文教司、国家教委财务司，共产生18对合作关系，从而形成了一个小型政策主体合作关系网络，如图3-2所示。中共中央、国务院、国家教委、财政部、国家计委形成了以国家教委为核心的政策网络。值得注意的是，国家教委、财政部、国家计委联结频次最多，联系最为密切。进一步分析政策文本发现，这一阶段联合发布的“211工程”建设政策共计3份，其中2份是由国家教委、财政部、国家计委联合发布，表明3个机构互动较多，为推动“211工程”建设联合发挥了各自职能。这一阶段的网络联结频次达到了网络关系数的3倍，但该网络只有少数核心节点有大量连接，其他节点只有少量连接。网络密度也偏低，为0.2500。网络中心势为0.2411，在三个阶段中最高，说明政策主体间权力分配相对集中，主要以国家教委为核心建立联系。结合网络密度和网络中心势分析，这一阶段的网络形态属于中心-边缘型网络。

(2)世界一流大学建设阶段政策主体合作网络分析

随着国家科教兴国战略的不断深入推进，中共中央又相继提出了人才强国、国家科技创新体系、人力资源强国、创新型国家等一系列国家战略。在此背景下，为加快推进世界一流大学建设步伐，“985工程”“2011计划”“优势学科创新平台”“特色重点学科项目”等被相继提出，同时这一阶段更加注重高层次创造性人才培养以及高校创新能力提升。世界一流大学建设阶段发布的政策不仅包括“985工程”“211工程”“2011计划”，还包括高校科技创新、高等教育改革、高层次人才、科学技术、哲学社会科学、平台建设等多个政策主题的政策。

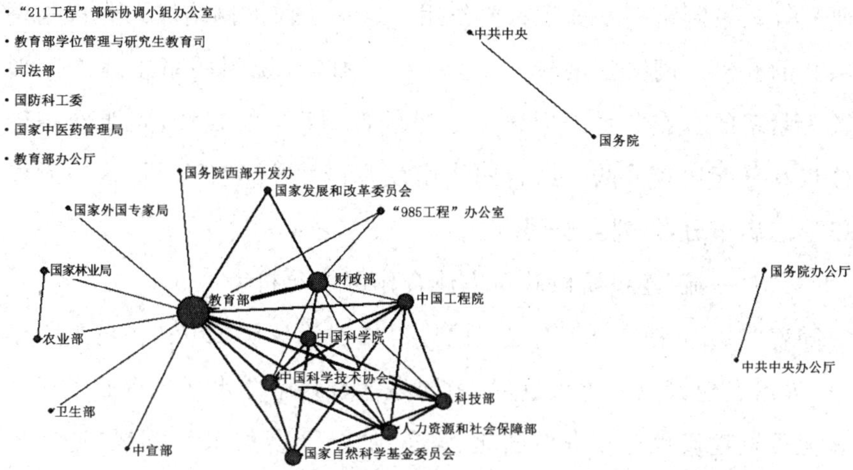

图 3-3　世界一流大学建设阶段政策主体合作网络知识图谱

这一阶段共发布政策 100 份,年均发布政策 5.9 份,与上一阶段相比,政策供给力度显著增强。单独发文 60 份,联合发文 40 份。涉及的政策主体数量为 26 个,相比上一阶段显著增加,既涉及中共中央及其直属机构、国务院及其直属部委等,还涉及行业协会,如中国科学技术协会。在 100 份政策文本中,单独发文较多的主体是教育部(43 份)、中共中央(4 份)、国务院(4 份)。未参与联合发文的主体有 6 个,包括"211 工程"领导小组、"985 工程"领导小组、不同层次的部委。参与联合发文的主体达 20 个,共形成 304 对合作关系,政策主体合作网络如图 3-3 所示。教育部仍然居于网络的中心位置,财政部在此阶段作用凸显。科技部、中国科学院、中国工程院、中国科学技术协会、人力资源和社会保障部、国家自然科学基金委员会等是上一阶段没有出现的网络主体,且这几个节点连接紧密,与教育部、财政部产生了紧密互动。科技部等政策主体在推动世界一流大学建设阶段被赋予了更多的职责,在科学技术、高层次人才、基础研究等政策制定中发挥了重要作用。这一阶段的网络联结频次是网络关系数的6倍。网络密度较大，达到了0.4677，说明网络主体之间形成了较为紧密的合作关系。网络中心势较低，仅为0.1129，表明网络中各主体权利分配比较分散。结合网络密度和网络中心势分析，这一阶段的网络形态属于分散-耦合型网络。

(3)“双一流”建设阶段政策主体合作网络分析

随着“211工程”“985工程”“优势学科创新平台”以及“特色重点学科项目”等重点建设取得重大进展，中国高等教育整体水平也得到了极大提升。但重点建设也存在身份固化、竞争缺失、重复交叉等问题，迫切需要整合、创新实施方式。2015年《统筹推进世界一流大学和一流学科建设总体方案》发布，“双一流”建设阶段正式启动。“双一流”建设阶段的主要政策目标是全面提升高等教育的人才培养、科学研究、社会服务、文化传承创新和国际交流合作的综合实力。这一阶段，国家提出了创新型国家、“五位一体”总体布局、“乡村振兴”、“一带一路”等战略，在此背景下，“双一流”政策主题更加丰富。

这一阶段政策文本共47份，年均发布11.8份，与前一阶段相比，政策供给力度继续增强。单独发文28份，联合发文19份。涉及的主体数量共计23个。政策主体与上一阶段相比，减少了“211工程”部际协调小组办公室等，新增了中国社会科学院、中央编办、中央政法委等政策主体。47份政策文本中，单独发文较多的主体是教育部(19份)、教育部办公厅(6份)、国务院(2份)。未参与联合发文的主体仅有教育部办公厅和国务院办公厅。参与联合发文的主体有21个，形成了106对合作关系，政策主体合作网络如图3-4所示。教育部仍然居于政策网络中心位置，财政部也居于政策网络的重要位置，且二者产生了较强的合作关系。总体上，这一阶段教育部与更多的政策主体建立了联系，教育部不仅与科技部门合作，同样加深了与农林、法治、医药、工业信息等相关部门的联系。这一阶段的网络联结频次超过了网络关系数的3倍。网络密度为0.2095，说明网络中主体相互之间联系不够紧密。网络中心势为0.2095，相对偏低，表明网络中各主体权利分配相对分散均衡。结合网络密度和网络中心势分析，这一阶段的网络形态属于分散型网络。

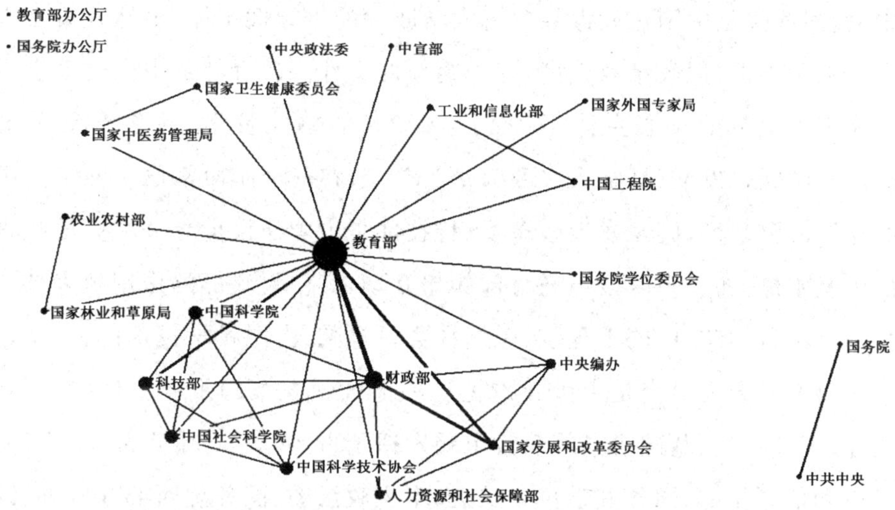

图3-4 “双一流”建设阶段政策主体合作网络知识图谱

3.3 研究结论与研究展望

本研究以1993至2018年中国中央政府发布的157份世界一流大学建设政策文本为研究对象，通过对“单独发文”与“联合发文”政策的分布结构、发文层次、发文机构合作网络结构及特征的定量考察与分析，得出如下结论：

3.3.1 分散但各有侧重的合作结构

从发布的政策文本来看，不考虑机构变迁、改革，参与中国建设世界一流大学政策的主体数量多达39个。39个政策主体以不同的合作形式、不同的合作程度塑造了中国建设世界一流大学的发展格局。不同的政策主体在中国建设世界一流大学政策中所发挥的作用各有侧重。中共中央、国务院是中国建设世界一流大学政策的指导性主体，虽然政策文本发布数量不多，但政策效力高，多为纲领性文件。教育部是中国建设世界一流大学政策的核心主体，发布了70.2%的单独发文，并参与发布了87.3%的联合发文，且绝大多数为牵头单位，在三个阶段都居于网络的中心位置。财政部、国家发展改革委、科技部是中国建设世界一流大学政策的中坚主体，在三个阶段与教育部频繁互动，其中财政部的作用越来越凸显。中国科学院、中国工程院、中国社会科学院、中国科学技术协会、国家自然科学基金委员会是中国建设世界一流大学政策的重要主体，在创新人才、高校科技、基础研究等政策主题发挥了重要作用。中宣部、卫生部、工业和信息化部、国务院学位委员会、中央政法委、国务院西部开发办、国家外国专家局、农业部、国家林业局、国家中医药管理局、人力资源和社会保障部等是中国建设世界一流大学政策的一般主体，在各自职能范围发挥了作用。

进一步从发文主体的层次和规模来看，随着世界一流大学建设进程的深入推进，复杂的政策主体在不同阶段并非以相同的力度参与到中国建设世界一流大学政策体系中，发文主体层次、发文类型都呈现出非均衡性。在重点大学和重点学科建设阶段，只有中共中央、国务院等行政级别较高的政策主体发布纲领性和指导性文本，以及教育部、财政部、发改委联合发布的规划、通知等。在世界一流大学建设阶段，中共中央、中共中央直属机构、国务院、国务院部委及直属机构、行业协会等主体单独或联合发布的规划、方案、意见、通知、办法不断增多，并且在不同层次的发文类型以及不同的政策主题中占据主要地位。这一现象在“双一流”建设阶段表现得更为明显。

3.3.2 适应与不断演化的合作网络

中国建设世界一流大学发展历程中，对于高等教育的发展使命和发展要求的提升，使得多个主体就推动某个政策主题开展的合作与协同成为必然趋势。总体上看，三个阶段政策主体合作网络中，教育部始终居于网络中心位置，主体间互动所形成的合作网络随着每个阶段国家发展战略的调整而不断演化，政策变迁的路径是：中心-边缘型网络到分散-耦合型网络再到分散型网络。

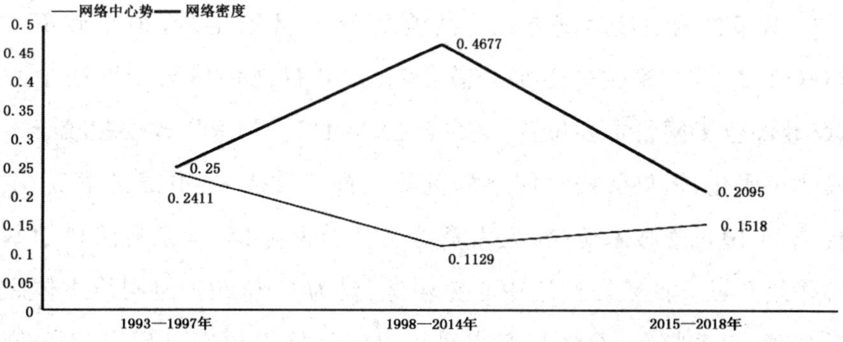

图 3-5　中国建设世界一流大学政策主体网络中心势及网络密度趋势图

在重点大学和重点学科建设阶段，中国在世界一流大学建设上处于探索期，这可以从主管中国教育工作的时任国务院副总理李岚清同志的讲话中得到印证，此阶段中国也开展了与英国的高等教育合作。这一阶段政策数量较少，主体合作网络复杂程度较低。发布的 10 份政策文本，有 9 个政策主体参与，联合发文 5 份，这一时期关注的领域主要是高等教育改革与“211 工程”建设。主要发布较高行政级别单独或联合发布的一些纲领性文本，如《中国教育改革和发展纲要》《“211 工程”总体建设规划》等。国家教委居于网络的中心位置，与财政部、国家计委互动较多。整体上网络中心势较高，表明少数政策主体如国家教委、国家计委、财政部在网络中的中心位置比较突出。但各政策主体总体上互动不多，导致网络联系的紧密程度不够，网络密度偏低。网络形态呈现出中心-边缘型网络结构。

在世界一流大学建设阶段，随着“985 工程”的启动，中国开始加快推进世界一流大学和高水平大学建设。这一阶段政策主题更加丰富，除了世界一流大学和高水平大学政策主题，还同时发布了高层次人才和科技创新、“2011 计划”以及哲学社会科学等主题的系列政策，年均发布政策 5.9 份，政策供给力度显著增强。共涉及 26 个政策主体，20 个政策主体参与联合发文，政策主体更加分散、多元。教育部仍然居于网络中心位置，财政部位于网络重要位置，且二者互动频繁。国家发改委相较于上一阶段作用弱化，但仍然居于网络的重要位置。科技部、中国科学院、中国工程院、中国科学技术协会、人力资源和社会保障部、国家自然科学基金委等作用凸显。此阶段网络中心势较低，仅为 0.1129。但网络主体之间互动频繁、联系紧密，网络密度达到 0.4677。网络形态呈现出分散-耦合型网络结构。

在“双一流”建设阶段，2015 年国务院发布的《统筹推进世界一流大学和一流学科建设总体方案》，标志着“双一流”建设正式启动。这一阶段虽然在时间跨度上只有4年，但年均发布政策11.8份，表明政策供给力度进一步增强。这一时期政策发布主要集中于世界一流大学和一流学科、基础研究、高水平本科教育三大主题领域。政策文本数量有了更快的增长，政策主题也不断调整更新，涉及的政策主体23个，参与联合发文的政策主体21个，政策主体依然分散、多元。教育部在网络的中心位置更加凸显，财政部也居于网络重要位置。教育部、财政部、国家发改委互动较频繁，教育部与科技部互动凸显。进一步分析发现，绝大多数的合作关系是在发布政策数量不多且包含多个主体联合发布的政策中形成的，说明这一时期虽有大量主体参与合作网络，但大部分集中在联合发布的政策中，而不是少量联系紧密的主体发布的政策文本中，表明在前期政策主体合作积累的基础上，这一时期主体合作更为复杂、分散、综合。这一阶段政策网络中心势为0.1518，网络密度为0.2095，两者都偏低，呈现为分散型网络结构。由于这一时期政策主题多元化，政策主体也更加多样化，导致政策网络的集中度较低，这将成为未来“双一流”建设的重要特征。政策网络密度偏低，则说明网络的紧密度不够，这与“双一流”建设刚刚启动4年有关。可以预见，随着“双一流”建设的持续推进，政策主体互动会进一步增强，网络密度会有明显提高。以上分析表明，未来“双一流”政策主体合作网络将越来越趋近于分散-耦合型网络结构。

本研究以中国建设世界一流大学政策文本为研究对象，从整体上对中国建设世界一流大学政策主体间合作关系进行了定量研究和初步探索，得出了一定的结论。在今后的研究过程中，应该在定量研究基础上更多地引入定性分析，以更深入地探究中国建设世界一流大学政策主体间合作关系，从而为政策主体间合作的未来走向提出针对性对策。

第4章 中国省域“双一流”政策分析
——政策工具视角

近年来，随着国家“双一流”战略的驱动，中国各省域政府相继出台了“双一流”建设相关政策，对这一政策体系进行研究具有重要的理论和现实意义。本章选取2015年以来中国省域政府出台的30份“双一流”政策文本，基于政策工具和政策主题二维研究架构进行量化分析。结果表明，“双一流”政策政府主导特征明显、政策工具应用不均衡、政策主题集中，提出省域政府应主动谋划完善政策体系、综合应用多种政策工具、适度调整政策力度等三方面的政策优化策略。

4.1 引言

为加速提升高等教育发展水平、进一步发挥其对国家综合国力的支撑作用，国务院2015年10月出台了《统筹推进世界一流大学和一流学科建设总体方案》(以下简称《总体方案》)，正式拉开了“双一流”建设的序幕。为落实《总体方案》，教育部、财政部和国家发展改革委于2017年出台了《统筹推进世界一流大学和一流学科建设实施办法(暂行)》，公布了《世界一流大学和一流学科建设高校及建设学科名单》，中国“双一流”建设正式进入实施阶段。在国家战略决策的驱动下，中国省域政府也陆续出台了一系列政策，加速推进本地区相关高校和学科争创世界一流。

近年来，对“双一流”政策的研究逐步成为学术研究的热点。一些学者从宏观角度研究了中国国家层面的教育政策尤其是高等教育重点建设政策的演进历程及典型特征。张端鸿回顾了中国重点大学建设的政策演进，认为“双一流”政策是对新中国成立以来重点建设政策的继承与调适[13]。翟雪辰等分析了中国高等教育重点建设政策的历史背景和总体特点[14]。王建华详细探讨了“双一流”建设的政策驱动改革特点，并深入分析了过度依赖政府政策的局限[19]。刘丽丽等从政策数量、发布时间、发布部门、政策类别等四个方面分析了中国国家层面发布的“双一流”政策的特点[27]。部分学者，如朱炎军[113]、包水梅[114]等探讨了发达国家和地区一流大学、一流学科的经验与启示。李钢依据教育政策语义的典型文本，从社会话语分析角度描述了 1979—2002 年中国教育政策的发展轨迹[115]。涂端午从政策文本中的权威、数量、特别说明和主题等变量对 1979—1998 年国家高等教育政策的发展进行了系统的定量分析[116]，他进一步将高等教育政策的价值划分为实体价值和符号价值并考察了政策价值之间的相互关系[117]。习勇生依据政策文本，分析了中国省域政府在“双一流”建设中的注意力配置问题[34]。一些学者对中国省域政府出台的“双一流”政策做了一定探讨。褚照锋对中国 24 个地区地方政府出台的“双一流”政策文本进行了分析和探讨[35]。还有些学者引入国外的政策工具理论，深入分析了中国的教育政策。曲洁应用自愿性、强制性和混合型政策工具的三维框架，系统分析了国家以及各省中长期教育改革和发展规划纲要中义务教育政策工具的运用[118]。吕武利用 McDonnell 和 Elmore 的分类对学前教育政策工具的选择进行了分析[119]。在 McDonnell、Elmore、A. Schneider 和 H. Ingram 分类方法研究基础上，黄萃对中国少数民族双语教育政策进行了量化分析[120]。李科利等将高等教育政策工具分为权威工具、激励工具、能力建设工具、象征和劝诫工具、学习工具和自愿性工具，并对中国高等教育政策进行了系统分析[121]。

以上研究为本研究奠定了一定的基础。总体来看，虽然学者们在"双一流"政策领域做了一定的探讨，但这一领域的研究仍然存在以下问题：一是定性研究较多、定量研究不足，当前的研究大多是定性的研究，导致很难得出令人信服的结论；二是研究中缺乏研究工具的使用，如对省域"双一流"政策的分析，多关注宏观问题和背景介绍，缺乏借助理论和工具的精细化研究。基于以上研究不足，本研究主要从政策工具和政策主题两个角度提出二维分析框架，对中国省域政府出台的"双一流"政策进行量化分析，以期加深对这一政策体系的理解，得出有价值的结论。本研究试图回应以下问题：一是中国省域政府出台了哪些"双一流"政策？这些政策表现出怎样的特征？二是这些政策应用了哪些政策工具？这些政策工具如何组合？三是这些政策工具分布在哪些政策主题中？表现出什么特点？四是这一政策体系存在哪些问题？如何进一步优化？

4.2 数据来源与分析方法

4.2.1 数据来源

本研究所选取的中国省域政府"双一流"政策文本均来源于公开的数据资料，主要从中国各省级人民政府、教育厅相关官方网站获取。由于涉及的省份和文件数量较多，为了保证选取政策文本的代表性和全面性，本研究确定如下遴选原则：一是政策文本涵盖中国省域政府（各省、自治区和直辖市，不包括香港、澳门和台湾）相关部门发布的政策，中央政府出台的政策不在分析范围之内；二是与一流大学和一流学科建设直接相关的政策；三是选择的政策类型主要是意见、实施方案、规划、计划等直接体现政府措施和立场的文本形式，复函、批复、行业标准性文件等不在考虑范围之内；四是时间上主要选择 2015 年国务院出台《总体方案》前后，各省域政府发布的“双一流”政策。依据以上原则，最终筛选出中国省域“双一流”政策文本 30 份（西藏自治区虽然制定了“双一流”建设政策，但是没有对外公布，因此西藏自治区的政策文本缺失）。中国省域“双一流”政策文本的基本情况见表 4-1 所示。

表 4-1 中国省域“双一流”政策文本基本情况一览表

序号	发布省域	政策名称	发布部门	发布时间
1	广东省	关于建设高水平大学的意见	省委办公厅	2015 年
2	河南省	河南省优势特色学科建设工程实施方案	省教育厅、财政厅	2015 年
3	北京市	北京市“十三五”时期教育改革和发展规划(2016—2020 年)	市教委、市发改委	2016 年
4	山东省	推进一流大学和一流学科建设方案	省人民政府	2016 年
5	云南省	云南省一流学科建设实施方案	省学位委、教育厅	2016 年
6	甘肃省	统筹推进高水平大学和一流学科建设实施方案	省人民政府	2016 年
7	浙江省	浙江省一流学科建设实施办法	省教育厅、财政厅	2016 年
8	上海市	上海高校高峰高原学科建设管理办法	市教育委员会	2016 年

（续表）

序号	发布省域	政策名称	发布部门	发布时间
9	新疆维吾尔自治区	新疆维吾尔自治区“十三五”重点学科建设方案	自治区教育厅	2016 年
10	宁夏回族自治区	宁夏回族自治区西部一流大学和一流学科建设方案	自治区人民政府	2016 年
11	河北省	关于统筹推进一流大学和一流学科建设的意见	省人民政府	2016 年
12	安徽省	一流学科专业与高水平大学建设五年行动计划	省人民政府	2016 年
13	内蒙古自治区	内蒙古自治区统筹推进国内和世界一流大学一流学科建设的总体方案	自治区人民政府办公厅	2016 年
14	湖北省	省人民政府关于推进一流大学和一流学科建设的实施意见	省政府办公厅	2016 年
15	江苏省	江苏高水平大学建设方案	省人民政府	2016 年
16	吉林省	吉林省统筹推进高水平大学和高水平学科专业建设实施方案	省人民政府	2017 年
17	湖南省	湖南省全面推进一流大学与一流学科建设实施方案	省人民政府	2017 年
18	江西省	江西省有特色高水平大学和一流学科专业建设实施方案	省人民政府	2017 年
19	辽宁省	辽宁省统筹推进世界一流大学和一流学科建设实施方案	省人民政府	2017 年
20	黑龙江省	黑龙江省统筹推进高水平大学和优势特色学科建设实施方案	省人民政府	2017 年

（续表）

序号	发布省域	政策名称	发布部门	发布时间
21	海南省	海南省统筹推进高水平大学和一流学科建设实施方案	省人民政府	2017年
22	青海省	关于加快推进一流学科建设的指导意见	省政府办公厅	2017年
23	福建省	福建省人民政府关于建设一流大学和一流学科的实施意见	省人民政府	2017年
24	山西省	关于实施"1331工程"统筹推进"双一流"建设的意见	省人民政府	2017年
25	陕西省	关于建设"一流大学、一流学科"的实施方案	省委办公厅、省人民政府办公厅	2017年
26	广西壮族自治区	统筹推进一流大学和一流学科建设实施方案	自治区人民政府	2017年
27	四川省	关于统筹推进一流大学和一流学科建设的实施意见	省人民政府	2017年
28	天津市	天津市推进一流大学和一流学科建设实施方案	市人民政府	2017年
29	贵州省	省人民政府关于统筹推进一流大学和一流学科建设的意见	省人民政府	2017年
30	重庆市	关于加快高校特色发展推进一流大学和一流学科建设的实施意见	市人民政府	2017年

2015年10月，国务院出台了《总体方案》，中国各个省域政府做出积极回应，所有省域均发布了"双一流"建设政策。在30份政策文本中，从发布时间分析，2个省域政府于2015年发布政策，13个省域政府于2016

年发布政策，15个省域政府于2017年发布政策。其中，广东省和河南省于2015年发布政策。广东省2015年4月发布的《关于建设高水平大学的意见》比国务院《总体方案》要早半年，体现了广东省积极改革、先行先试的特点。河南省在总体方案公布后的一个月内做出了回应，充分体现了河南省希望在新一轮“双一流”建设中抢占先机、有所作为的主动意识。

在30份政策文本中，单独行文的有25份，占总数的83.3%。单独行文机构包括省人民政府19个，省政府办公厅3个，省委办公厅1个，教育主管部门(教委或教育厅)2个。联合行文共计5份，占总数的16.7%。联合行文部门的构成中，陕西省委办公厅和省政府办公厅联合行文1份，其他4份文件均为省域教育主管部门与其他部门(财政厅、发改委或学位委)联合行文。

从政策类别分析，以方案形式发布的政策有17份，包括实施方案12份、建设方案5份；以意见形式发布的政策9份，包括建设意见5份、实施意见3份、指导意见1份；以规划或计划发布的政策2份；以实施办法和管理办法发布的政策2份。

从政策名称分析，从“一流大学和一流学科”建设角度发布政策21份，占总数的70%。单独从学科角度(一流学科、重点学科、高原高峰学科)发布政策6份，单独从高水平大学建设角度发布政策2份，从教育改革和发展规划角度发布政策1份。

4.2.2 分析方法

省域“双一流”政策文本分析主要借助政策工具理论视角，深入探究所选取的政策文本应用了哪些政策工具，表现为哪些特点。同时，由于大学组织有其自身的活动内容和特点，是制定“双一流”政策必须考虑的关键因素。只有把教育政策工具和大学独有的活动规律结合起来进行分析，才能对整个中国省域“双一流”政策体系做出客观和完整的研究。因此，我们首先提出中国省域“双一流”政策文本的二维分析框架。

X 维度：政策工具维度

本研究主要借鉴 McDonnell、Elmore 以及 A. Schneider、H. Ingram 的教育政策工具分类框架，并在深入研读中国省域“双一流”政策文本、总结政策文本特点的基础上，将政策工具划分为五类：权威工具、激励工具、能力建设工具、象征和劝诫工具以及系统变革工具。本研究中所涉及政策工具类型及每类政策工具的具体表现形式如表 4-2 所示。

表 4-2 政策工具类型及具体政策工具

政策工具类型	具体政策工具
权威工具	要求、责任、标准、程序、评估、禁止、法规、监管
激励工具	奖励、授权、政策支持、惩罚
能力建设工具	基础设施建设、体制机制建设、人才建设、学科建设、大学建设、文化建设、信息和咨询服务
象征和劝诫工具	鼓励、呼吁或号召
系统变革工具	组织成立或重组、职能界定

权威工具是指政策制定者利用合法的权威对政策目标对象进行直接行政和强制性的规定，这一政策工具类型主要有要求、责任、标准、程序、评估、禁止、法规、监管等表现形式。激励工具是通过正向或负向的奖励或惩罚来激励政策目标对象采取行动以达到政策目标，这一政策工具类型主要有奖励、授权、政策支持、惩罚等主要表现形式。能力建设工具是

通过向政策目标对象提供培训教育、相关设备或工具、有效信息等，为他们所被期望的行动提供各方面支持的工具，这一政策工具类型主要有基础设施建设、体制机制建设、人才建设、学科建设、大学建设、文化建设、信息和咨询服务等表现形式。象征和劝诫工具是指利用同化、整合、价值诱导等方式对人们的价值观和信念进行引导和启发，促使政策目标对象采取相关的行动，这一政策工具类型主要有鼓励、呼吁或号召等表现形式。系统变革工具是指在个人和机构当中转换权力，即通过新组织的建立、原有组织的摒弃和合并以及职能的重新界定来变革组织结构和权威。

Y维度：政策主题维度

通过政策主题可以了解政策文本的主旨和目的。根据大学职能的划分以及中国省域“双一流”政策文本的具体内容，本研究将政策主题划分为六类：人才培养、科学研究、社会服务、文化传承创新、交流合作以及学校管理。在梳理分析过程中发现，每一类政策主题下又包含着比较广泛的具体内容，本研究将其进行归类，详见表4-3所示。

表4-3 政策主题及具体内容

政策主题类型	政策主题具体内容
人才培养	一流师资，一流生源，教育教学改革
科学研究	学科建设，一流成果，师资队伍建设，基础建设，大学建设
社会服务	科技成果转化，社会发展
文化传承创新	文化传承，文化创新
交流合作	国内交流合作，国际交流合作
学校管理	体制机制管理，管理组织结构，财务管理，人事管理，综合管理，办学

综合以上两个分析维度，本研究最终形成了中国省域“双一流”政策的二维分析框架。据此，本研究对筛选的30份中国省域“双一流”政策文本内容按照“政策编号-条款/章节-章节排序”进行编码，形成内容分析编码表(限于篇幅，编码表未列出)。在编码过程中，第一步进行政策工具编码，方法是针对具体政策条款，研读判断其所归属的表4-2所示的具体政策工具，再将各具体政策工具归类为政策工具类型；第二步进行政策主题编码，方法是针对具体政策条款，研读判断其所归属的表4-3所示的政策主题具体内容类别，再归类到政策主题类型中。在编码过程中，针对个别政策条款涉及多个政策工具或多个政策主题的情况，通过反复研讨，根据其强调的重点将其归类到一个政策工具或政策主题中。

4.3 实证研究与分析

从整体上看，30份中国省域“双一流”政策文本兼顾了权威工具、激励工具、能力建设工具、象征和劝诫工具以及系统变革工具等五类政策工具的使用，内容涉及了人才培养、科学研究、社会服务、文化传承创新、交流合作以及学校管理等六类政策主题，为省域“双一流”建设提供了多方面的激励和规制。

4.3.1 政策工具维度分析

在对30份中国省域“双一流”政策文本内容编码的基础上，通过频数统计，各类政策工具及具体工具使用情况如表4-4所示。对表4-4分析表明，中国省域“双一流”政策体系中累计使用政策工具658个。在所有五种类型的政策工具中，能力建设工具354个(占53.8%)，超过了所使用政策工具总数的一半，使用频率和占比是最高的。排在第二位和第三位的分别是激励工具和权威工具，激励工具共计 133 个（占 20.2%），权威工具 104 个（占 15.8%），也是使用频率和占比较高的政策工具。其他政策工具的使用：象征和劝诫工具 34 个（占 5.2%），系统变革工具 33 个（占 5.0%），两者之和占 10.2%。这说明，目前中国省域政府主要通过能力建设政策工具推进“双一流”建设，希望通过各省域的自身能力建设推进区域内一流大学和一流学科的持续发展。政策工具的分布，如图 4-1 所示。

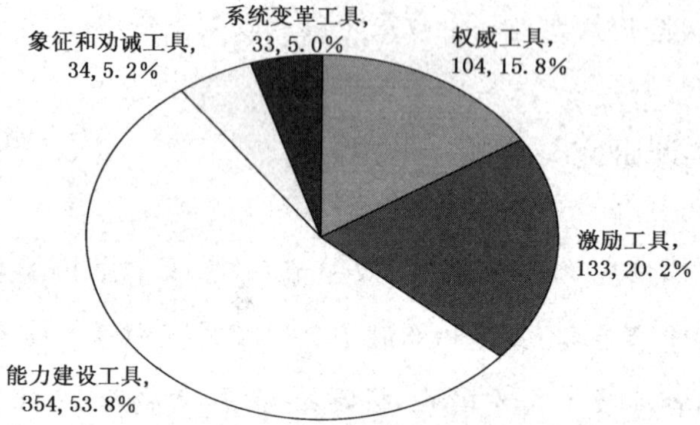

图 4-1 政策工具分布

表 4-4 政策工具使用情况

<table>
<tr><td rowspan="2">权威
工具</td><td>要求</td><td>责任</td><td>标准</td><td>程序</td><td>评估</td><td>禁止</td><td>法规</td><td>监管</td><td>合计</td></tr>
<tr><td>37</td><td>16</td><td>7</td><td>17</td><td>3</td><td>4</td><td>5</td><td>15</td><td>104</td></tr>
<tr><td rowspan="2">激励
工具</td><td colspan="2">奖励</td><td colspan="2">授权</td><td colspan="2">政策支持</td><td colspan="2">惩罚</td><td>合计</td></tr>
<tr><td colspan="2">12</td><td colspan="2">25</td><td colspan="2">87</td><td colspan="2">9</td><td>133</td></tr>
</table>

（续表）

能力建设工具	基础设施建设	机制、体制建设	人才建设	学科建设	大学建设	文化建设	信息和咨询服务	合计
	73	103	79	49	18	23	9	354
象征和劝诫工具	鼓励	呼吁或号召	合计	系统变革工具	组织成立或重组	职能界定	合计	
	21	13	34		23	10	33	

对表4-4的进一步分析，可以更好地了解具体政策工具的使用。在能力工具的使用中，机制、体制建设政策工具应用最多，共计103个(占29.1%)，其他政策工具的使用：人才建设79个(占22.3%)，基础设施建设73个(占20.6%)，学科建设49个(占13.9%)，文化建设23个(占6.5%)，大学建设18个(占5.1%)，信息和咨询服务9个(占2.5%)。这说明各省域政府主要通过体制机制建设、基础设施建设和学科建设等方面的政策供给来获取“双一流”建设的长期效果。在激励工具的使用中，政策支持工具使用最多，共计87个(占65.4%)，各省域政府主要通过专项资金投入、政府补贴、税收减免、提高教师待遇、提高生均拨款等政策强化对“双一流”建设的支持；其他政策工具的使用：授权25个(占18.8%)，奖励12个(占9.0%)，惩罚9个(占6.8%)。在权威工具的使用中，要求这一具体工具应用最多，共计37个(占35.6%)，其他政策工具的使用：责任16个(占15.4%)，程序17个(占16.4%)，监管15个(占14.4%)，标准7个(占6.7%)，法规5个(占4.8%)，禁止4个(占3.8%)，评估3个(占2.9%)，这些具体政策工具的使用也一定程度上说明了权威工具的特点，即更多地是要求服从、照办，不允许讨价还价。在

象征和劝诫工具的使用中，鼓励 21 个（占 61.8%），呼吁或号召 13 个（占 38.2%）。鼓励政策工具的具体政策如鼓励高校与其他社会组织密切合作和资源共享、全社会参与办学、高校多方筹措资金、中外合作办学、体制机制创新等。在系统变革工具使用中，组织成立或重组 23 个（占 69.7%），职能界定 10 个（占 30.3%）。组织成立或重组的具体政策包括成立“双一流”建设委员会、领导小组、学术咨询委员会等，职能界定的具体政策主要包括转变政府行政职能、进一步扩大和落实高校办学自主权等。

4.3.2 政策主题维度分析

对政策工具在各类政策主题中的分布进行频数统计，得到表 4-5。对表 4-5 的分析表明，所使用的共计 658 个政策工具中，学校管理政策主题共计使用 348 个（占 52.9%），科学研究 145 个（占 22.0%），社会服务 56 个（占 8.5%），人才培养 45 个（占 6.8%），交流与合作 44 个（占 6.7%），文化传承创新 20 个（占 3.0%）。政策主题的数量及所占比例见图 4-2 所示。可见，政策工具主要分布在学校管理和科学研究两类政策主题中，二者占总数的 74.9%。

表 4-5 政策主题运用情况

<table>
<tr><td rowspan="2">科学研究</td><td colspan="2">学科建设</td><td colspan="2">一流成果</td><td colspan="2">师资队伍建设</td><td>基础建设</td><td>大学建设</td><td>合计</td></tr>
<tr><td colspan="2">61</td><td colspan="2">16</td><td colspan="2">30</td><td>25</td><td>13</td><td>145</td></tr>
<tr><td rowspan="2">社会服务</td><td>科技成果转化</td><td>社会发展</td><td>合计</td><td rowspan="2" colspan="2">交流与合作</td><td colspan="2">国内</td><td>国际</td><td>合计</td></tr>
<tr><td>35</td><td>21</td><td>56</td><td colspan="2">11</td><td>33</td><td>44</td></tr>
</table>

（续表）

人才培养	一流师资	一流生源	教育教学改革	合计	文化传承创新	合计	
	13	5	27	45	20	20	
学校管理	管理组织结构	体制机制管理	财务管理	人事管理	综合管理	办学	合计
	55	103	59	20	85	26	348

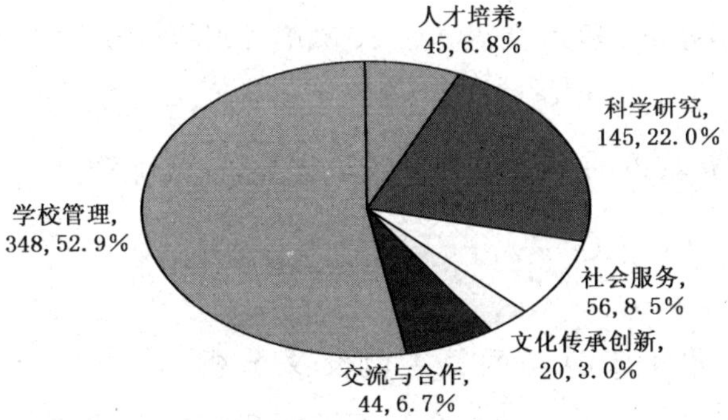

图 4-2　政策主题的数量及所占比例

对表 4-5 进一步分析发现，在学校管理政策主题中，体制机制管理 103 个（占 29.6%），综合管理 85 个（占 24.4%），财务管理 59 个（占 17.0%），管理组织结构 55 个（占 15.8%），办学 26 个（占 7.5%），人事管理 20 个（占 5.7%）。学校管理中体制机制管理是政策供给的重点，主要包括深化体制机制改革、健全绩效评价机制、建立有效合作机制、鼓励高校综合改革等。在科学研究这一政策主题中，学科建设 61 个（占 42.1%），师资队伍建设 30 个（占 20.7%）、基础建设 25 个（占 17.2%），一流成果 16 个（占 11.0%），大学建设 13 个（占 9.0%）。科学研究中学科建设、师资队伍和基础建设三者占比达 80%，学科建设政策主要包括优化学科布局、调整学科结构、培育一流学科、实施动态调整等，师资队伍建设政策主要包括实施人才强校战略、建设高水平创新团队等，基础建设政策主要包括平台和基地建设。在社会服务政策主题中，科技成果转化 35 个（占 62.5%），社会发展 21 个（占 37.5%），社会发展主要指“双一流”建设要面向经济社会发展需要，与国家和地方政府的经济社会发展战略紧密结合。在交流与合作政策主题中，国际交流 33 个（占 75%），国内交流 11 个（占 25%），交流与合作政策的重点是支持国内高校与国外一流大学开展合作办学、学术交流等。人才培养政策主题中，教育教学改革 27 个（占 60.0%），一流师资 13 个（占 28.9%），一流生源 5 个（11.1%）。可见，人才培养政策的重点是教育教学改革，一流师资是人才培养质量的重要保障。

4.3.3 政策工具与政策主题交叉分析

将政策工具和政策主题两个维度进行交叉分析，形成表 4-6。根据表 4-6 可以具体分析每一政策主题中各种政策工具的使用情况，如图 4-3 所示。同时，也可以分析每一个政策工具在不同政策主题的应用，如图 4-4 所示。

对图 4-3 的分析表明，在人才培养和文化传承政策主题中，只应用了能力建设工具这一种工具，其他政策工具没有应用。在科学研究政策主题中，五类政策工具都得到了应用，但能力建设工具应用最多，占这一领域政策工具总数的 84.8%，权威工具占 9%，其他工具应用较少。在社会服务政策主题中，应用最多的是能力建设工具，占这一领域政策工具总数的 67.9%，激励工具、象征和劝诫工具也有一定应用，各占 12.5%。在学

表 4-6　政策主题维度的政策工具使用情况

政策主题	具体主题	政策工具类型					总计
		能力建设工具	权威工具	象征和劝诫工具	系统变革工具	激励工具	
科学研究	学科建设	45	12	2	1	1	61
	一流成果	14	0	1	0	1	16
	师资队伍建设	30	0	0	0	0	30
	基础建设	23	0	2	0	0	25
	大学建设	11	1	0	0	1	13
合计		123	13	5	1	3	145
社会服务	科技成果转化	26	2	2	1	4	35
	社会发展	12	1	5	0	3	21
合计		38	3	7	1	7	56
交流合作	国内	7	0	4	0	0	11
	国际	21	1	7	0	4	33
合计		28	1	11	0	4	44
文化传承创新		20	0	0	0	0	0
合计		20	0	0	0	0	20
人才培养	一流师资	13	0	0	0	0	13
	一流生源	5	0	0	0	0	5
	教育教学改革	27	0	0	0	0	27
合计		45	0	0	0	0	45
学校管理	管理组织结构	4	13	1	28	9	55
	体制机制管理	53	20	2	2	26	103
	财务管理	5	10	0	0	44	59

（续表）

政策主题	具体主题	政策工具类型					总计
		能力建设工具	权威工具	象征和劝诫工具	系统变革工具	激励工具	
学校管理	人事管理	10	5	1	0	4	20
	综合管理	18	35	5	1	26	85
	办学	10	4	2	0	10	26
合计		100	87	11	31	119	348
总计		354	104	34	33	133	658

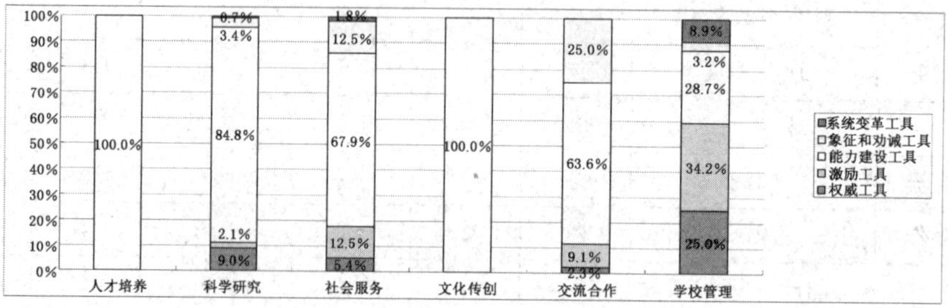

图 4-3 每类政策主题中政策工具的应用情况

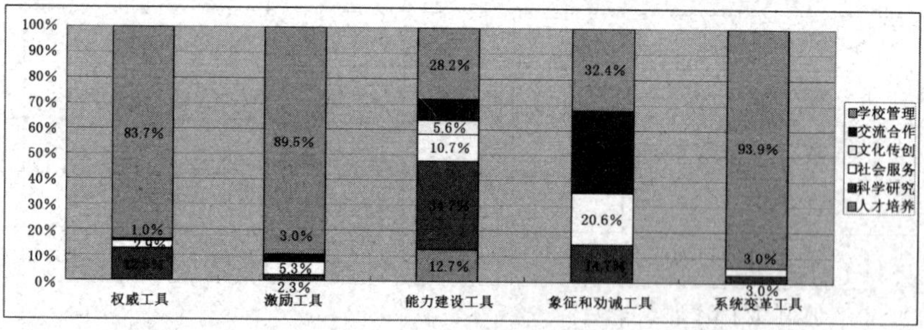

图 4-4 每类政策工具在不同政策主题中的应用情况

校管理政策主题中，各种类型政策工具都得到了一定程度的应用，激励工具占 34.2%，能力建设工具占 28.7%，权威工具占 25%，系统变革工具、象征和劝诫工具分别占 8.9%和 3.2%。

对图 4-4 的分析表明，权威工具主要应用于学校管理（占 83.7%），其次是科学研究（占 12.5%），其他领域应用较少。激励工具主要应用于学校管理（占 89.5%），其他领域应用较少。能力建设工具在六种政策主题中均得到了应用，其中科学研究占 34.7%，学校管理占 28.2%，人才培养占 12.7%，社会服务占 10.7%，交流合作、文化传承创新分别占 7.9%和 5.6%。象征和劝诫工具主要应用在四个领域中，其中交流合作和学校管理各占 32.4%，社会服务占 20.6%，科学研究占 14.7%。系统变革工具主要应用于学校管理领域，占 93.9%，社会服务和科学研究各占 3%。

4.4 研究结论及政策建议

通过对中国省域"双一流"政策文本的量化分析，可以得出如下结论：第一，政策制定具有明显的政府主导特征。2015 年国务院出台《总体方案》后，在 3 年时间内，中国省域政府先后出台了"双一流"建设的相关政策，实现了该政策在中国省域层面的全覆盖。各省域"双一流"建设政策进一步丰富了中国政府的"双一流"建设政策体系，充分体现了政府主导的自上而下的政策制定特征。第二，政策工具应用不均衡。五类政策工具都得到了一定程度的应用，但总体上能力建设工具应用较多，其他工具相对不足，能力建设工具在所有涉及政策工具的条款中占到 53.8%，而系统变革、象征和劝诫工具的使用仅有 5%左右。在每类政策主题中，政策工具的使用也存在一定的不均衡性，如人才培养、文化传承创新两类政策主题只使用了能力建设工具，其他政策工具没有任何使用。第三，政策主题支持力度存在差异性。政策工具在六类政策主题中都有应用，但存在一定的差异性，学校管理占52.9%，科学研究占22%，而社会服务、人才培养、交流合作、文化传承四类主题共计占25.1%。这在一定程度上说明中国省域政府更倾向于通过强化对高校管理推动"双一流"建设，同时，更多地关注了更易量化的考核指标。

基于以上结论，优化中国省域"双一流"政策还应该做出如下努力：

第一，积极主动谋划，丰富完善政策体系。随着知识经济的到来以及无形资产成为竞争力的核心资源，分布在各省域的大学在人才培养、科学研究和社会服务等方面对各省域经济社会发展正在发挥越来越重要的辐射、带动和支撑作用。各省域政府应该抓住中国"双一流"建设的重要战略机遇期，更加积极主动谋划、出台政策支持本地区高等教育健康发展。中国相关省域政府已经做出表率，如广东省不仅在全国第一个提出省域"双一流"建设方案，还于2018年6月29日出台了《高等教育"冲一流、补短板、强特色"提升计划实施方案》，进一步提升对高水平大学和高水平学科的支持力度。上海市于2018年3月15日起开始实施《上海市高等教育促进条例》，同时启动实施一流本科教育建设计划，初步形成了省域层面的"双一流"建设政策体系。与此形成鲜明对比的是，有些省域不但没有出台后续的配套政策，当前的政策也由于各种原因没有很好地贯彻落实，这必然会导致在新一轮的高等教育发展过程中处于不利地位。因此，为保证"双一流"建设效果，各省域政府应该更加积极主动谋划，不断完善后续配套政策，丰富政策体系，保证政策的整体性和延续性，从而增强政策实践者的信心并更好地执行政策。

第二，综合应用多种政策工具，优化政策工具组合配置。当前省域

“双一流”建设政策体系中政策工具的使用，无论在政策体系总体还是每类政策主题中，都存在一定程度的不均衡。实际上，不同政策工具都有自己的使用条件，有自己的优势和不足，只有组合使用才能更好地保证政策效果。如能力建设工具容易确定和实施，能够更好地激发创造活力，但因其追求长期收益，过度使用可能无法保证政策目标的实现。激励工具是通过短期补贴等方式追求直接结果，过度使用可能造成短期的表面繁荣和功利主义倾向。权威工具由于不能讨价还价，经常被政策实施对象排斥，过度使用可能导致高等教育的行政化色彩更浓厚。象征和劝诫工具常用于鼓励对政策的遵从、使用或支持，无需政府的强制推动，如在部分省域“双一流”建设政策中提出的“鼓励学科资源互通”等政策措施，如果过度使用政策效果很难保证。系统变革工具则主要通过对组织结构的调整和职能的界定，为“双一流”建设提供组织保证。因此，不能过度使用任何类别的政策工具，应该根据具体政策问题和政策目标确定使用政策工具类型，保证政策工具使用的多样性和均衡性，从而使政策体系更加科学。

第三，适度调整政策工具力度，保证对各政策主题的有效支持。当前省域“双一流”政策主题中政策工具分布的比例具有显著的差异性。学校管理占比最高，科学研究排在第二位，而其他四类政策主题总体只占25.1%。省域政府重点关注学校管理和科学研究的努力值得肯定，但同时我们也应该注意到，其他政策主题的政策力度明显不够。如作为大学根本任务和最主要职能的人才培养，只占了全部政策工具的6.8%，这与人才培养的重要地位极不相称。如果说没有一流的研究很难称为一流的大学，那么没有良好的人才培养质量可能已经很难称为大学了。2018年召开的全国高等学校本科教育工作会议上特别强调要坚持“以本为本”，教育部、财政部、国家发展改革委于2018年8月20日发布的《关于高等学校加快“双一流”建设的指导意见》也明确提出：“把立德树人的成效作为检验学校一切工作的根本标准、把一流本科教育建设作为‘双一流’建设的基础任务。”因此，各省域政府应该在后续的政策体系建设中，加大对人才培养的政策支持力度。同时，也要适度增加社会服务和文化传承创新的政策支持力度，从而保证对大学实现其基本职能的有效政策支持。

第 5 章　中国省域“双一流”政策的典型特征及主要问题

在国家“双一流”战略驱动下，中国各省域政府相继出台了“双一流”建设相关政策。基于内容分析方法，本章选取 30 个省域的“双一流”政策文本进行深入分析，发现其典型特征表现为：政策名称与文本结构趋同、政策目标定量化和阶段化、创新体制机制激发内在动力；存在的问题表现为：资金来源多元化任重道远、一流学科评价标准单一、人才建设重引进轻培育。基于以上分析提出了中国省域“双一流”建设的优化策略。

5.1　引言

建设世界一流大学和一流学科是党中央、国务院做出的重大战略决策，对于提升我国高等教育发展水平、增强国家核心竞争力具有十分重要的意义。2015 年 10 月，国务院发布了《统筹推进世界一流大学和一流学科建设总体方案》(以下简称《总体方案》)，“双一流”建设成为继“211 工程”和“985 工程”之后的新一轮国家层面的高等教育发展战略。2017 年 1 月，教育部、财政部和发改委联合颁布了《统筹推进世界一流大学和一流学科建设实施办法(暂行)》(以下简称《实施办法》),进一步掀起“双一流”建设热潮。为回应国家战略计划,中国各省域政府也纷纷出台建设方案,力争加快推进本省域内高校创建世界一流大学和一流学科。

当前,已经有不少学者对“双一流”政策进行了较深入的分析。潘静指出一流学科建设是“双一流”建设的核心,提出了“双一流”建设的行动框架[122]。周光礼指出“双一流”建设的三重突破分别是体制、管理与技术[123]。吴合文提出了“双一流”建设面临的挑战及相关推进策略[124]。刘丽丽等从政策数量、发布时间、发布部门、政策类别四个维度分析了国家层面的“双一流”建设政策[27]。张伟等分析了山东、安徽、广东和江苏四省“双一流”政策文本,提出要谨防窄化建设内涵、过度管理主义以及漠视中国特色三种倾向[125]。陈雨等对15份省市“双一流”政策文本进行内容分析,深入探讨了省域“双一流”建设中对学科的理解、ESI标准等关键问题[126]。刁勇生以30项省域政府“双一流”政策文本为研究对象,运用Nvivo11质性软件进行文本处理,分析了地方政府在注意力配置方面的问题并提出了优化建议[23]。褚照锋基于24个地区“双一流”政策文本的分析,总结了地区差异较大、规划目标数字化明显等特征[35]。

以上文献梳理分析表明,学者们已经对中国省域“双一流”政策做了比较深入的探讨,为进一步研究奠定了基础。但是当前研究仍然存在政策样本选取不具有典型性、涉及范围较小、实证分析深度不足等问题。因此,本研究选取更直接相关、更全面、更权威的省域“双一流”政策文本进行分析,深入聚焦“双一流”政策文本的典型特征和主要问题,以期更深入地认识中国省域“双一流”政策的现状,为进一步优化相关政策体系提供建议。

5.2 样本选择

本研究首先确定如下政策文本遴选原则：一是包括中国所有省域政府（不包括港澳台）相关部门发布的政策，中央政府出台的政策不在分析范围之内；二是政策主题要与“双一流”建设紧密相关；三是政策类型主要是意见、实施方案、规划、计划等直接体现政府措施和立场的文本形式，复函、批复、行业标准性文件等不在考虑范围之内；四是时间上主要选择 2015 年国家出台“双一流”建设总体方案前后，时间跨度为 3 年。本研究所选取的中国省域“双一流”政策文本均来源于公开的数据资料，主要来自各省域政府门户网站。最终筛选出中国省域“双一流”政策文本 30 份（每个省域政府出台政策 1 份，西藏自治区由于没有对外公布，其政策文本缺失）。

5.3 中国省域“双一流”政策的典型特征

5.3.1 政策名称与文本结构趋同

从政策名称上看，以《总体方案》和《实施办法》为参照，将 30 份省域政策文本按照重叠程度进行归类，结果如表 5-1 显示。

表 5-1 各省域政策名称重叠程度

文本名称重叠程度	省域	合计
完全重合	宁夏、内蒙古、辽宁、陕西、湖南、山东、广西、天津	8
将“方案”改为“意见”	贵州、四川、湖北、福建、河北、重庆	6

（续表）

文本名称重叠程度	省域	合计
将“一流大学”改为“高水平大学”	黑龙江、海南、甘肃、江西、安徽、吉林	6
单独强调“高水平大学”	江苏、广东	2
单独强调学科建设	河南、上海、云南、浙江、青海	5
“十三五”规划	北京、新疆	2
“1331 工程”	山西	1

从文本结构上看，国家《总体方案》的政策文本结构是围绕总体要求、建设任务、改革任务、支持措施、组织实施几部分展开的，梳理发现共有25个省域的政策文本是完全按照这一体例结构制定的。仅有陕西和江西等少数省域借鉴了《实施办法》的政策文本结构体系，将遴选工作纳入政策文本考虑范围，并完善了“双一流”建设程序。

对表5-1进一步分析发现，20个省域政策文本基本沿袭国家相关政策名称，其中8个省域与国家政策名称完全重合，6个省域将“方案”改为“意见”，6个省域将“一流大学”改为“高水平大学”。江苏与广东两省单独强调高水平大学建设，河南等5省域更加突出学科建设，北京和新疆承袭“十三五”规划，山西提出了具有省域特色的“1331 工程”。即便是最新的政策文件也没离开国家政策名称的框架，例如云南省2018年发布的《云南省统筹推进一流大学和一流学科建设行动计划》也只是将方案变成计划，与本省之前的政策相比也只增加了一流大学的内容，仍然没有突出重点和特色。总体来说，省域政策文本的名称基本上是国家《总体方案》和《实施办法》的沿袭。

5.3.2 政策目标定量化和阶段化

国务院颁布《总体方案》提出“双一流”建设总体目标分三步走：第一阶段到2020年，若干所大学和一批学科进入世界一流行列；第二阶段到2030年，更多大学和学科进入世界一流行列；第三阶段到本世纪中叶，一流大学和一流学科的数量和实力进入世界前列。为响应国家的号召，各省也制定了相应的建设规划，如表5-2所示（限于篇幅，只展示了部分内容）。

表 5-2 中国省域“双一流”政策目标

阶段划分	代表性省份	建设目标			
四阶段	青海省	到2020年，建成2个左右学术水平较高、优势特色明显、服务能力较强的国内一流学科，其中1个进入国家世界一流学科建设行列，实现零的突破，建成15个左右省级一流学科。	到2025年，3—5个学科力争达到国内一流水平，2—3个学科进入国家世界一流学科建设行列。	到2030年，10个左右学科力争达到国内一流和世界一流水平。	到本世纪中叶，更多学科达到国内一流和世界一流水平。

（续表）

阶段划分	代表性省份	建设目标		
三阶段	江苏省	到2020年，15所以上高校进入全国百强，其中10所左右高校进入前50名，100个左右学科进入ESI全球同类学科前1%，进入国家层面开展的一流学科建设行列的学科数，不低于全国总数的10%。	到2030年，江苏高等教育整体实力显著提升，建成在全国具有重要影响的高等教育强省，支持2所左右大学和一批学科进入世界一流行列。	到本世纪中叶，江苏高等教育竞争力和影响力进一步显现，更多的大学和学科进入世界一流行列。
两阶段	广东省	2020年，若干所高等学校跻身国内一流大学前列，建成一批国内外一流学科，力争进入世界ESI前1%和教育部学科评估前10%的学科数量翻一番。	到2030年，重点建设高等学校总体上在全国同类高等学校中成为地位领先的高水平大学，有效带动全省高等学校整体办学水平大幅提升，建成高等教育强省。	
短期目标	陕西省	到2020年，支持1—3所高校争创世界一流大学，5—7所高校达到国内一流大学水平；支持30个学科进入国家“一流学科”建设计划，培育30个全国一流学科。		

（续表）

阶段划分	代表性省份	建设目标
总体目标	新疆维吾尔自治区	总体数量为 50 个左右，其中 10 个争取建成国内一流学科，争取进入全国学科排名前 30%，形成自治区重点学科的高峰；30 个学科争取进入全国学科排名前 50%，力争大部分建成博士授权一级学科，形成自治区重点学科的高原；建设 10 个特别扶持学科，面向交叉学科和边远高校，建成一级学科硕士点或专业学位点，形成自治区重点学科的新生力量。

通过对表 5-2 的分析发现，首先，中国省域“双一流”政策目标总体上表现为阶段性特征。对照国家《总体方案》和《实施办法》的 2020 年、2030 年和 2050 年政策目标，中国各省域政府制定的“双一流”政策目标表现出较明显的阶段性。将政策目标划分为四个阶段的有 1 个省域，即青海。将政策目标划分为三个阶段的有 16 个省域，包括江苏、海南和吉林等。将政策目标划分为两个阶段的有 5 个省域，包括宁夏、江西、广东、山东和上海。只提出一个阶段短期政策目标的有 6 个省域，包括陕西、云南、北京、浙江、安徽、河南。新疆和山西没有划分阶段，只提出了总体建设目标。大多数省域“双一流”政策规划起始时间都是方案制定时间，但上海市将其规划的起始时间确定为 2014 年，其中两个政策阶段分别是 2014—2017 年和 2018—2020 年，说明上海市在“双一流”建设中已经先行一步。其次，中国省域“双一流”政策目标总体上表现为定量化特征。相对于国家层面的“双一流”政策，各省域政府制定的“双一流”政策目标更加明确，定量化特征更加突出。主要表现为：一是许多省域提出了每个阶段建成的一流大学和一流学科的数量，如山东省提出，“到 2030 年有

10个左右学科进入ESI学科排名前1‰，1—2所大学进入世界高校500强”；二是对一流大学和一流学科的衡量标准更加明确，国内高校和学科水平的衡量主要以教育部学科评估结果为准，而对标国外的一流大学和一流学科的标准则是ESI排名前1%或1‰。

5.3.3 创新体制机制激发内在动力

推动一流大学和一流学科建设，创新体制机制能够提供根本保障和动力源泉。对各省域“双一流”政策文本内容深入分析发现，各省域均提出要加强体制机制创新，主要从扩大高校办学自主权、引入第三方评价机制等方面进行改革创新。

首先，简政放权、扩大高校办学自主权被提上日程。2014年国家教育改革领导小组办公室下发了《关于进一步落实和扩大高校办学自主权完善内部治理结构的意见》，扩大高校办学自主权成为高等教育改革的重点[127]。《总体方案》提出：“坚持面向社会依法自主办学，加快建立健全社会支持和监督学校发展的长效机制。”同时强调了办学自主权在“双一流”建设过程中的重要性。中国各省域均在“双一流”政策中提出要落实办学自主权，转变政府职能，加快高等教育改革。例如，北京市《“十三五”时期教育改革和发展规划(2016—2020年)》提出要推动公办学校办学机制改革，激发学校办学活力。安徽省《一流学科专业与高水平大学建设五年行动计划》中提出：“加快推进高等教育领域‘放、管、服’改革，简政放权、放管结合，进一步落实高校办学自主权。”其次，一个符合学科发展内在机制的科学评价体系可以为“双一流”建设提供质量保障，各省域政府按照国家政策要求，提出了学科遴选和评价的新机制。例如河南省提出委托第三方对建设规划和绩效考核评价进行可行性、科学性、合理性综合评估，择优选择建设学校和建设学科。江西、河北、天津等二十几个省域在“双一流”政策中都提出要推动建立第三方评价机制，对“双一流”建设成果实行动态监测，严格贯彻奖惩制度。

5.4 中国省域“双一流”政策的主要问题

5.4.1 资金来源多元化任重道远

高等教育的发展离不开资金的支持，尤其在“双一流”建设中，师资队伍引进与培养、科研基地和平台搭建、成果奖励等各方面都需要大量的资金投入。《总体方案》提出中央财政要将中央高校开展世界一流大学和一流学科建设纳入中央高校预算拨款制度中统筹考虑，设立相关专项资金给予支持，并鼓励地方财政统筹安排所需资金。在这一层面，斯坦福大学有比较成功的经验，斯坦福大学鼓励校企合作，通过向企业输送大量人才，并使社会反哺学校，实现了资金来源的多元化和社会化。浙江大学与杭州市萧山区政府的合作也开辟了高校与政府联合促发展的新道路，既促进了当地数字经济的发展，浙江大学也因此增加了一个知识创新和科研成果转化的重要基地。而纵观中国 30 份省域“双一流”政策文本，绝大多数省域资金仍然是依靠中央支持或者地方财政补贴，第三方力量薄弱，见表 5-3。尽管在政策文本中也有不少省域提出要吸收社会或企业的力量，引导校友捐赠或者社会捐赠，但也仅仅形成了文字性的鼓励而没有制定对应的后续措施。其中，湖南省提出通过 PPP 进行融资以及宁夏回族自治区做大教育基金会等方式可以看作是资金来源社会化的尝试。

表 5-3 各省域“双一流”资金政策

省域	资金支持政策
天津市	对进入国家层面的一流大学和一流学科建设高校行列的，按国家有关要求给予配套资金支持。发挥高校主体作用，加大资金统筹力度，多渠道筹措建设资金。鼓励行业、企业、科研院等积极参与建设。
湖南省	省财政加大对“双一流”建设的新增投入力度，同时通过整合现有相关专项资金，积极争取国家相关项目和资金支持等方式，通过 PPP 融资、校友捐助、社会捐赠等多渠道筹措资金，支持“双一流”建设。
辽宁省	各部门要出台专项政策，省发展改革委、省科技厅负责支持一流学科平台建设；积极争取中央财政和中央基本建设投资对辽宁一流大学和一流学科建设的支持力度。
内蒙古自治区	自治区财政将开展国内和世界一流大学、一流学科建设纳入自治区高等学校预算拨款制度中统筹考虑，积极争取中央财政支持，自治区基本建设投资给予支持。
重庆市	争取中央财政投入，设立建设专项、加强资金监督管理。市级财政设立“双一流”建设专项经费。有关区县（自治县）财政要加大对属地高校的资金支持力度。
河北省	省财政厅统筹考虑，中央财政给予引导支持。鼓励高等学校积极吸引社会捐赠，扩大社会合作。
福建省	积极争取国家部委和所在地政府的大力支持，加强与有关高校合作，积极争取社会捐赠。省财政、市政府给予引导支持。

（续表）

省域	资金支持政策
湖北省	争取国家专项建设基金和地方政府债券资金对“双一流”建设支持，省财政设立高校捐赠收入分配比奖励资金，动员并鼓励社会参与建设。
贵州省	省级财政将省属高校开展“双一流”建设纳入省属高校预算拨款中统筹考虑，并通过中央和省级相关专项资金给予引导支持。鼓励社会资本投入高等教育。
吉林省	“十三五”期间，将“双高”建设纳入高校预算拨款制度统筹考虑。对部属高校按省部共建协议给予支持，对省部共建的省属高校积极争取中央财政支持。扩大社会合作，多渠道筹措建设经费。
海南省	加大财政投入力度，积极统筹各方面资金，支持和推进高水平和一流学科建设。积极争取国家相关项目对我省高校的投入和支持。积极拓宽筹资渠道，扩大社会合作。广泛吸纳校友捐助、社会捐赠。
江苏省	高校要完善政府、社会、学校相结合的投入机制，拓宽筹资渠道，吸引社会捐赠，扩大社会合作。
甘肃省	省财政将其纳入省属高校预算拨款制度中统筹考虑，高校充分发挥主体作用，多渠道筹措建设经费。积极争取国家部委的支持，加大与高校的项目合作。
新疆维吾尔自治区	增加财政投入，鼓励社会参与。区属高校重点学科建设经费由自治区财政和所在高校共同筹集，并积极争取中央财政的支持。鼓励重点学科所在高校多渠道筹措建设经费，积极争取社会各界的支持。

（续表）

省域	资金支持政策
安徽省	鼓励高校多渠道筹措资金和接受社会捐赠。依法加大政府投入。引进社会资本。
宁夏回族自治区	自治区高等教育专项资金规模增加 2 亿元。宁夏大学和相关一流学科建设高校要多渠道汇聚发展资源，积极吸引社会捐赠，做大做强教育基金会。
江西省	财政统筹安排资金，积极争取国家资金，大力筹集社会资金，推动高校盘活资金。
上海市	高峰高原学科建设经费包括市级财政教育经费、高校自筹经费等。高校应多方筹措建设资金。
青海省	省财政厅将高校一流学科建设纳入高校预算拨款中统筹考虑，鼓励有关部门和行业企业积极参与一流学科建设，积极吸引社会资本，扩大社会合作。
河南省	2015—2017 年安排 10 亿元，2018—2024 年每年安排 3 亿元。省财政厅根据建设规划分年度安排拨付专项资金。
广东省	省设立高水平大学建设专项资金，2015—2017 年省财政安排 50 亿元。引导高校盘活教育资源存量。
山东省	“十三五”期间，省财政加大投入力度，多渠道筹集 50 亿元，根据规划安排支持经费。完善政府、社会、学校相结合的共建机制，各建设高校要统筹预算安排，积极吸引社会捐赠。
山西省	加大财政投入力度，积极争取政策倾斜和资金支持。多方争取社会资源，拓宽经费筹措渠道。

（续表）

省域	资金支持政策
四川省	实行省、地方、行业、社会和学校共同投入的经费保障制度。积极争取中央财政对我省一流大学和一流学科建设高校给予引导支持。鼓励相关地方政府通过多种方式支持建设。
广西壮族自治区	争取中央资金支持，自治区安排经费支持，多渠道筹措建设经费。
黑龙江省	省财政统筹教育专项资金，省政府支持“双一流”建设，通过省部共建等方式给予相关政策和资金支持。
云南省	省级财政将视财力情况积极协调资金支持我省一流学科建设，积极引导和鼓励各高校多渠道筹措经费。
陕西省	对进入“一流大学、一流学科”建设范围的高校，省政府给予支持。高校应统筹安排各类资金，落实经费。
北京市	依法增加政府投入，发挥政府资金的引导作用。鼓励和引导社会力量捐助。
浙江省	学校自主建设，省财政统筹安排补助，鼓励地方财政支持所属高校一流学科建设。

5.4.2 一流学科评价标准单一

学科是大学的基本单元和组成要素[128]，一所好的大学需要强势学科的支撑。《总体方案》将“坚持学科引领”作为一项建设原则，《实施办法》提出要坚持以学科为基础，着力打造学科领域高峰，说明国家已经认识到学科建设对于大学建设的重要性。而国内现有的学科评价主要以办学资源、科研绩效等量化指标为主，以至于被窄化为学科排名[129]。目前对于如何界定一流学科还没形成共识，各省域方案仍侧重以 ESI 学科评价排名界定一流学科。

通过梳理30份省域“双一流”建设方案发现，湖北、浙江、重庆等11个省域在制定政策文本时明确将ESI评价指标确定为建设目标的参考依据；山东、黑龙江等7个省域利用学科评价来遴选一流学科，其中山东和云南两个省提出把全球ESI学科排名前1%的学科作为建设项目和立项条件。ESI是一个基于Web of Science核心合集数据库的、基于论文引用频次的学术论文影响力的评价指标，其主要表达的是，特定期刊研究主题领域划分的学科分类体系下学术论文的引用水平。而考察一门学科的学术水平是以该学科的师资为主要对象来进行评价，这与ESI榜单所依据的期刊学科主题划分有很大差别，同时引用程度高指的是科研成果影响较大，并不能直接等同于作品质量高。正如周光礼提出的：“一流学科应该具备两个评价标准，学术标准即拥有一流科研，产出一流成果，拥有一流教学，培养一流人才；实践性标准即建设学科应面向国家和创新体系”[2]，仅仅依靠ESI评价指标并不能科学地认定一流学科。

5.4.3 人才建设重引进轻培育

大学的任何发展规划，提升人才培养质量都应该是核心内容[130]。中国各省域“双一流”建设方案都设计了人才培养的建设任务，但是有部分省域主要是依托国家和省重点人才工程采取人才引进与聚集策略，对本地人才的培育力度不足。例如，河北省《关于统筹推进一流大学和一流学科建设的意见》建设任务中要求，积极引进“两院”院士、“万人计划”和“千人计划”各类专家、“973”和“863”首席专家、“长江学者”、“杰青”等高层次人才及其创新团队，虽然其后也提出了要完善“燕赵计划”，坚持引进和培育并重，但仍是将引进放在培育之前的位置，说明政策一定程度上倾向于人才引进。除此之外，有些省域“双一流”政策在资金方面也偏重人才引进，比如上海市要求在人员经费安排中，引进人员补贴经费的比例不低于60%。

近年来，中国各省域通过各类户籍制度改革，降低外来人才的学历、年龄等门槛，大力引进人才，掀起了“人才争夺战”。这种重引进轻培育的人才建设方式，在短期内也许可以增强高校的人才实力，但是从长远来看，有可能会造成恶性的“抢人大战”，甚至可能造成本地本单位的人才流失。尽管有些省域在政策文本中提出要引进与培育并重，但在具体的措施上仍然以国家和省域人才计划为主，优先吸引外来优秀人才。而在高校层面，很多高校也更重视人才的引进工作，把引进有相应头衔的人视为人才，而对本校同等条件的教职工则关心和支持力度不够，一定程度上影响了本校教职工的工作积极性，为人才的流失埋下隐患。

5.5 研究结论

基于现有研究基础，本章以中国省域“双一流”政策文本为研究对象，探索了省域“双一流”政策中的典型特征，如政策名称与文本结构趋同、政策目标定量化和阶段化、创新机制体制激发内在动力等，同时也总结了省域“双一流”政策体系现存的资金多元化任重道远、一流学科评价标准单一、人才建设重引进轻培育等主要问题。在分析过程中，还发现各省域政策既有一些共性特征，也存在一定的差异性。

为进一步优化“双一流”政策方案，中国省域政府应针对问题，积极采取相关措施。第一，要积极改革创新，通过争取政府、企业、社会多方联动的方式扩大资金来源渠道，推动校际合作甚至国际化的协同创新发展，尤其是要重视校友捐赠的重要作用。第二，要综合考虑人才培养、科学研究、社会服务、文化传承创新等多方面的业绩，创新学科评价机制体制，立足学科本身，分类设置专业化的评价体系，积极引进第三方评价等方式。第三，在师资队伍人才建设方面要引进与培育并重，一方面为校内人才提供更宽松舒适的环境和更强有力的激励机制，创造优秀师资到海外学习深造和学术交流的机会；另一方面，利用高薪政策和自由的学术氛围吸引外来学者[131]，努力打造一批高水平的国际化师资队伍。

“双一流”建设是一项长期工程，其政策制定还有很多隐含的规律有待进一步深入挖掘。虽然本研究基于中国30个省域的“双一流”政策文本做了一定的分析，但仍然存在一定的不足。在未来的研究中，还需要加强定性与定量的结合，继续探析“双一流”政策的普遍性和特殊性，从而为政策的科学性和合理性提供建议。

第6章 中国高校"双一流"政策分析

——政策工具视角

随着国家"双一流"战略的驱动，中国各高校纷纷发布政策推动"双一流"建设。基于政策工具和政策领域构建二维分析框架，本章对中国41所高校制定的一流大学建设方案进行量化分析。研究表明，现有政策体系存在政策工具使用不均衡、不同政策领域政策供给差异性明显等问题，未来政策调整应优化政策工具结构、强化相关政策领域的政策供给力度。

6.1 引言

知识经济时代已经到来，大学在区域和国家经济社会发展进程中的作用日益凸显。如何推动世界一流大学建设也受到各国政府的高度重视。2015年10月，国务院发布《统筹推进世界一流大学和一流学科建设总体方案》，"双一流"建设正式拉开序幕，被学者称为中国建设世界一流大学2.0版[132]。中国政府此后陆续发布《统筹推进世界一流大学和一流学科建设实施办法(暂行)》《世界一流大学和一流学科建设高校及建设学科名单》《关于高等学校加快"双一流"建设的指导意见》等，逐步形成了国家层面的"双一流"政策体系。为积极响应国家的重大战略部署，各一流大学建设高校和一流学科建设高校相继发布“双一流”建设方案，力争加快创建世界一流大学和一流学科。

对国内外既有文献的梳理发现，虽然学者们在高校“双一流”政策研究领域已经进行了一定探讨，但仍然存在以下不足：一是所选取的政策文本大多集中于几所典型高校的建设方案，或是高校建设方案中的部分文本，对政策体系的整体性、全面性研究还很有限；二是大多数研究都以定性研究为主，定量研究较少，导致相应的结论解释能力不足。基于以上分析，本研究以中国41所一流大学建设高校的“双一流”建设方案为研究对象，从政策工具和政策领域两个维度提出二维分析框架，通过对政策文本的编码和量化内容分析，探究政策工具在不同政策领域中的配置与组合特点，并提出相应优化策略。

6.2 数据来源与分析方法

6.2.1 数据来源

2017年9月教育部、财政部和国家发展改革委联合发布了《关于公布世界一流大学和一流学科建设高校及建设学科名单的通知》，中国首批确定的一流大学建设高校共计42所。为响应国家这一重大战略，各高校相继制定建设方案，教育部于2018年2月正式批复了42所一流大学建设高校的建设方案。本研究所选取的政策文本均来自各高校官方网站，由于国防科技大学未在官方网站公布其建设方案，因此本研究最终将41所一流大学建设高校的一流大学建设方案作为中国高校“双一流”政策文本。中国高校“双一流”政策文本基本情况如表6-1所示（以制定时间先后为序）。

表 6-1 中国高校“双一流”政策文本一览表

序号	制定时间	政策名称	序号	制定时间	政策名称
1	2017.08	西北工业大学一流大学建设方案	12	2017.12	华中科技大学一流大学建设方案
2	2017.10	中南大学一流大学建设方案	13	2017.12	复旦大学一流大学建设方案
3	2017.11	中国海洋大学一流大学建设方案	14	2017.12	四川大学一流大学建设方案
4	2017.12	东南大学一流大学建设方案	15	2017.12	西北农林科技大学一流大学建设方案
5	2017.12	南开大学一流大学建设方案	16	2017.12	中央民族大学一流大学建设方案
6	2017.12	山东大学一流大学建设方案	17	2017.12	中山大学一流大学建设方案
7	2017.12	上海交通大学一流大学建设方案	18	2017.12	南京大学一流大学建设方案
8	2017.12	郑州大学一流大学建设方案	19	2017.12	云南大学一流大学建设方案
9	2017.12	电子科技大学一流大学建设方案	20	2017.12	北京大学一流大学建设方案
10	2017.12	中国科学技术大学一流大学建设方案	21	2017.12	东北大学一流大学建设方案
11	2017.12	西安交通大学一流大学建设方案	22	2017.12	哈尔滨工业大学一流大学建设方案

（续表）

序号	制定时间	政策名称	序号	制定时间	政策名称
23	2017.12	华东师范大学一流大学建设方案	33	2017.12	兰州大学一流大学建设方案
24	2017.12	华南理工大学一流大学建设方案	34	2017.12	清华大学一流大学建设方案
25	2017.12	吉林大学一流大学建设方案	35	2017.12	浙江大学一流大学建设方案
26	2017.12	厦门大学一流大学建设方案	36	2017.12	重庆大学一流大学建设方案
27	2017.12	天津大学一流大学建设方案	37	2017.12	大连理工大学一流大学建设方案
28	2017.12	新疆大学一流大学建设方案	38	2018.01	湖南大学一流大学建设方案
29	2017.12	中国人民大学一流大学建设方案	39	2018.01	中国农业大学一流大学建设方案
30	2017.12	北京航空航天大学一流大学建设方案	40	2018.01	武汉大学一流大学建设方案
31	2017.12	北京理工大学一流大学建设方案	41	2018.01	同济大学一流大学建设方案
32	2017.12	北京师范大学一流大学建设方案			

6.2.2 分析方法

本研究主要借助政策工具和政策领域构建中国高校“双一流”政策文

本的二维分析框架。横向维度代表不同类型的政策工具,纵向维度代表不同类型的政策领域。通过对中国高校“双一流”政策文本进行政策编码和归类,进而对政策工具的使用结构和不同政策领域要素的受重视程度进行量化分析。

X 维度:政策工具维度

国内外学者对政策工具有着众多种分类。本研究主要借鉴 McDonnell、Elmore 以及 A. Schneider、H. Ingram 的教育政策工具分类框架,并在认真研读中国高校“双一流”政策文本的基础上确定。本研究将中国高校“双一流”政策的政策工具划分为能力建设工具、权威工具、象征与劝诫工具、系统变革工具、激励工具以及学习工具等六种类型,并进一步确定了每种政策工具类型包含的具体政策工具,如表 6-2 所示。

表 6-2　政策工具类型及具体政策工具

政策工具类型	具体政策工具
能力建设工具	人才培养、科研建设、文化建设、基础建设、体制机制建设
权威工具	要求、监管、法规、评估、责任、禁止
象征与劝诫工具	鼓励、号召
系统变革工具	权力重组或优化、新组织成立、体制变革
激励工具	政策支持、机制激励、奖励、授权
学习工具	宣传学习

Y 维度:政策领域维度

大学承担着人才培养、科学研究、社会服务和文化传承创新四大基本职能。根据这四项基本职能,并结合政策文本的具体情况,本研究将高校“双一流”政策领域中政策工具的使用分为六大领域:人才培养、科学研究、社会服务、文化传承创新、交流合作以及学校管理。对政策文本的进一步分析表明，各政策领域涉及的政策主题非常广泛，如表 6-3 所示。

表 6-3　政策领域及其相关政策主题

政策领域	政策主题
人才培养	师资培养、培养模式、创新创业教育、教学改革、教学质量、教学资源、课程建设、全面发展、思政教育、招生选拔、专业建设、人事管理
科学研究	基础建设、基础研究、科研成果、科研创新、科研队伍、科研服务、科研项目、学科建设、学术成果、智库、科研管理
社会服务	成果转化、服务国家地方
文化传承创新	传统文化建设、社会主义文化建设、校园文化建设、学术文化建设、文化传播
交流合作	国际交流合作、社会参与
学校管理	党建工作、绩效评估、体制机制、校园建设、治理结构、资源管理、组织领导、人事管理、科研管理

由此本研究最终建立起中国高校“双一流”政策 X-Y 二维分析框架，并将政策文本中的相关条款作为基本单元进行内容分析。内容分析类目设置如下：政策工具(X)维度——能力建设工具、权威工具、象征与劝诫工具、系统变革工具、激励以及学习工具；政策领域要素(Y)维度——人才培养、科学研究、社会服务、文化传承创新、交流合作以及学校管理。按照“政策编号-条款/章节-章节排序”进行编码，形成内容分析编码表，如表 6-4 所示(限于篇幅，编码表未全部列出)。

表 6-4　内容编码一览表

编号	政策名称	政策文本内容分析单元	编码
1	西北工业大学一流大学建设方案	一、建设内容 (一)以立德树人为根本,培养拔尖创新人才 1. 夯实人才培养基础,深化高等教育教学改革实施 (1)全面实施本科教学"12345 工程"……建设一批60人以下的授课教室。	1-1-1-1
2	中南大学一流大学方案	一、五大建设任务 1. 人才强校,建设一流师资队伍 坚持党管人才,德育为先,加强师德师风建设;……重点在矿业冶金、材料与高端制造、土木交通、临床医学、数学与信息等学科领域打造一批高水平创新团队。	2-1-1
3	中国海洋大学一流大学建设方案	一、建设内容 (一)建设一流师资队伍 1. 构建全方位精准引才新机制,推动形成引才聚才的"涡旋效应"。……在简化人才引进程序、打造引人快车道、提高人才服务水平、优化人才发展环境等方面下功夫,推动形成引才聚才的"涡旋效应"。	3-1-1-1
……	……	……	……
41	同济大学一流大学建设方案	2. 创新一流大学建设的资源配置方式 以一流大学事业发展目标为依据,做好顶层设计,推进大部制改革,组建成立发展规划部,设立资源配置办公室,……坚持资源配置与完成学校事业发展任务要求密切关联,强化绩效评估和管理,提高资源配置和资金的使用效率。	41-3-3-2

6.3 实证研究与分析

根据 X-Y 二维分析框架，对经过编码的政策文献内容分析单元进行归类。从整体看，41 份中国高校“双一流”政策文本兼顾了能力建设工具、权威工具、象征与劝诫工具、系统变革工具、激励工具、学习工具等六类政策工具，内容涉及人才培养、科学研究、社会服务、文化传承创新、交流合作、学校管理等六类政策领域，为高校冲击世界一流大学提供了多方面支持和规制。

6.3.1 政策工具维度分析

对 41 份中国高校“双一流”政策文本内容编码进行频数统计分析，各类政策工具及具体工具使用情况如表 6-5 所示。结果显示，中国高校“双一流”政策体系累计使用政策工具 2717 次。在六类政策工具使用上，能力建设工具 1350 次(占 49.7%)，几乎占到所有政策工具使用的一半，使用频率和比例是最高的。权威工具 529 次(占 19.5%)，也是使用较多的政策工具。象征与劝诫工具 314 次(占 11.6%)，系统变革工具 267 次(占 9.8%)，使用相对较少。激励工具 155 次(占 5.7%)，学习工具 102 次(占 3.7%)，两类政策工具比例总和不足 10%。这说明中国高校目前主要采用能力建设工具和权威工具推进一流大学建设，希望通过自身能力建设和强制性规定推动这一发展进程。政策工具分布如图 6-1 所示。

表 6-5　政策工具使用情况

<table>
<tr><td rowspan="2">激励工具</td><td>激励机制</td><td>奖励</td><td>授权</td><td>政策支持</td><td>合计</td><td rowspan="2">学习工具</td><td>宣传学习</td><td>合计</td></tr>
<tr><td>40</td><td>54</td><td>36</td><td>25</td><td>155</td><td>102</td><td>102</td></tr>
<tr><td rowspan="2">象征与劝诫工具</td><td>鼓励</td><td>号召</td><td>合计</td><td rowspan="2">系统变革工具</td><td>权力重组或优化</td><td>体制变革</td><td>新组织成立</td><td>合计</td></tr>
<tr><td>128</td><td>186</td><td>314</td><td>30</td><td>165</td><td>72</td><td>267</td></tr>
<tr><td rowspan="2">权威工具</td><td>法规</td><td>监管</td><td>禁止</td><td>评估</td><td>要求</td><td>责任</td><td colspan="2">合计</td></tr>
<tr><td>34</td><td>74</td><td>22</td><td>70</td><td>302</td><td>27</td><td colspan="2">529</td></tr>
<tr><td rowspan="2">能力建设工具</td><td>基础建设</td><td>科研建设</td><td>人才培养</td><td>文化建设</td><td>体制机制建设</td><td colspan="3">合计</td></tr>
<tr><td>87</td><td>406</td><td>566</td><td>153</td><td>138</td><td colspan="3">1350</td></tr>
</table>

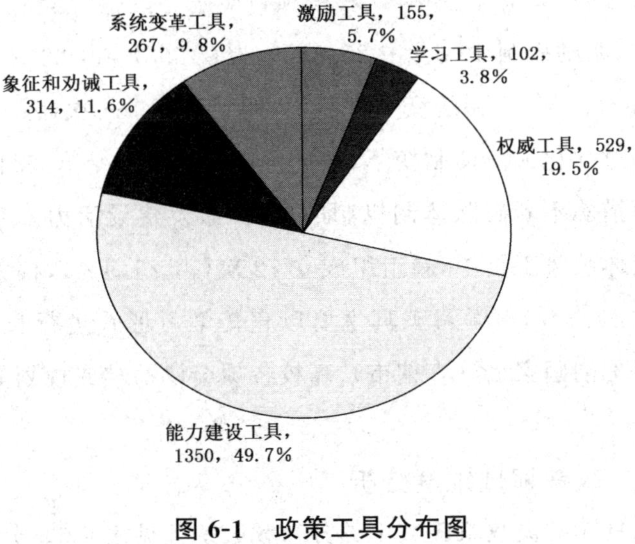

图 6-1　政策工具分布图

对表 6-5 进一步分析可以更好地了解具体政策工具的使用情况。能力建设工具中，人才培养 566 次（占 41.9%），科研建设 406 次（占 30.1%），说明各高校都充分认识到人才培养和科学研究对一流大学建设的基础性作用。能力建设的其他具体工具中，文化建设 153 次（占 11.3%），体制机制建设 138 次（占 10.2%），基础建设 87 次（占 6.5%）。象征与劝诫工具中，号召 186 次（占 59.2%），鼓励 128 次（占 40.8%），号召这一具体政策工具内容包括呼吁或号召校企共同合作、拓展经费来源、利用科技成果转化主动服务国家或地区等。权威工具中，要求 302 次（占 57.1%），监管 74 次（占 14.0%），评估 70 次（占 13.2%），法规 34 次（占 6.4%），责任 27 次（占 5.1%），禁止 22 次（占 4.1%），可见权威工具主要是直接提出具体的指令性或禁止性政策，即使没有切实回报也要按既有目标执行。激励工具中，奖励 54 次（占 34.9%），主要采取增设奖学金、增加奖励性绩效、设立荣誉称号、科研项目奖励等措施。激励工具的其他具体工具中，激励机制 40 次（占 25.8%），授权 36 次（占 23.2%），政策支持 25 次（占 16.1%）。系统变革工具中，体制变革 165 次（占 61.8%），各高校主要通过深化人事体制变革、推进科研管理体制变革、深化资源配置机制改革等措施不断破除体制机制的障碍，激发建设活力。系统变革工具的其他具体政策工具中，新组织成立 72 次（占 26.9%），权力重组或优化 30 次（占 11.3%）。学习工具主要以宣传学习形式进行长期学习，主要包括学习贯彻国家、省（直辖市）、高校各项会议精神或规划等。

6.3.2 政策领域维度分析

政策工具在各类政策领域中的分布频数统计见表 6-6。分析表明，所使用的共计 2717 个政策工具中，学校管理 946 次（占 34.8%），人才培养

703 次（占 25.9%），交流合作 360 次（占 13.2%），科学研究 333 次（占 12.3%），文化传承创新 198 次（占 7.3%），社会服务 177 次（占 6.5%）。可见，政策工具主要分布在学校管理和人才培养两大政策领域中，二者占总数的 60.7%。政策领域分布情况如图 6-2 所示。

表 6-6　政策领域使用情况

学校管理	党建工作	绩效评估	体制机制	校园建设	治理结构	资源管理	组织领导	人事管理	科研管理	合计				
	268	49	113	35	169	120	21	89	82	946				
人才培养	师资培养	培养模式	创新创业教育	教学改革	教学质量	教学资源	课程建设	全面发展	思政教育	招生选拔	专业建设	人事管理	合计	
	202	140	42	24	43	25	37	19	38	28	16	89	703	
科学研究	基础建设	基础研究	科研成果	科研创新	科研队伍	科研服务	科研项目	学科建设	学术成果	智库	科研管理	合计		
	47	25	10	23	11	32	6	66	7	24	82	333		
交流合作	国际交流合作	社会参与	合计	文化传承创新	传统文化建设	社会主义文化建设	校园文化建设	学术文化建设	文化传播	合计	社会服务	服务国家地方	成果转化	合计
	230	130	360		41	35	84	13	25	198		26	151	177

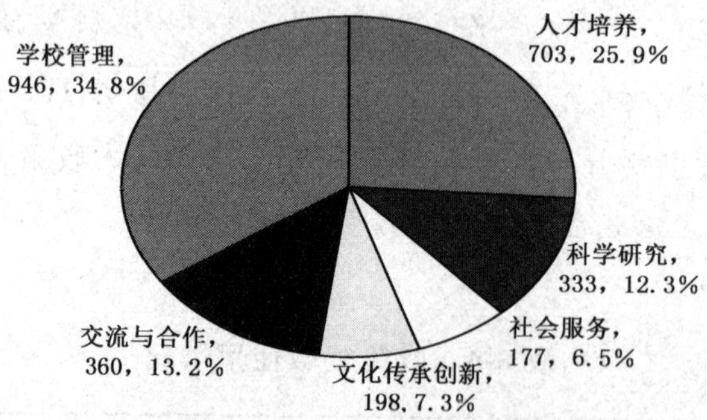

图 6-2　政策领域分布图

对表 6-6 进一步分析，可以探究各类政策主题的使用情况。学校管理中，党建工作 268 次（占 28.3%），使用频次最高，各高校都注重坚持和加强党的全面领导，坚持党管人才，为学校快速发展和改革提供坚强的组织保障。学校管理其他政策主题中，治理结构 169 次（占 17.9%），资源管理 120 次（占 12.7%），体制机制 113 次（占 11.9%），人事管理 89 次（占 9.4%），科研管理 82 次（占 8.7%），绩效评估 49 次（占 5.2%），校园建设 35 次（占 3.7%），组织领导 21 次（占 2.2%）。人才培养中，师资培养 202 次（占 28.7%），使用频次最高，各高校通过完善教师教学发展机制、创新人才引进计划、强化师德师风建设、优化教师生活环境等措施吸引并培养师资力量。人才培养其他政策主题中，培养模式 140 次（占 19.9%），人事管理 89 次（占 12.7%），教学质量 43 次（占 6.1%），创新创业教育（占 6.9%），思政教育 42 次（占 5.4%），课程建设 37 次（占 5.3%），招生选拔 28 次（占 4.0%），教学资源 25 次（占 3.6%），教学改革 24 次（占 3.4%），全面发展 19 次（占 2.7%），专业建设 16 次（占 2.1%），这些政策主题涵盖范围广泛，涉及学生培养管理的方方面面。科学研究中，科研管理 82 次（占 24.6%），使用频次最高，主要采取了推进科研体制机制改革、加强科研体系顶层设计、完善科研评估机制等措施。学科建设66次(占19.8%),主要采取了优化学科布局、重点建设一流学科、搭建跨学科体系平台等措施。科学研究其他政策主题中,基础建设47次(占14.1%),科研服务32次(占9.6%),基础研究25次(占7.5%),智库24次(占7.2%),科研创新23次(占6.9%),科研队伍11次(占3.3%),科研成果10次(占3.0%),学术成果7次(占2.1%),科研项目6次(占1.8%)。交流合作中,国际交流合作230次(占63.9%),社会参与130次(占36.1%),各高校更多地注重同国际知名大学的交流,通过国际合作办学、共建海外实习基地、打造国际科研平台等措施,提升海外合作层次和影响,同时推动全社会参与办学、扩大投资。文化传承创新中,校园文化建设84次(占42.4%),传统文化建设41次(占20.7%),社会主义文化建设35次(占17.7%),文化传播25次(占12.6%),学术文化建设13次(占6.6%),文化传承创新的重点是校园文化建设,具体采取继承弘扬优秀教风校风、加强科学道德与学风建设、凝练独具特色的大学精神、建设校园环境文化等措施。社会服务中,成果转化151次(占85.3%),服务国家、地方26次(占14.7%),说明成果转化是重点,各高校主要通过设立科技成果孵化基金和产业化基金、健全科技成果转化的收益分配制度、完善知识产权管理机制、打造特色科技成果转化平台等措施,促进科技成果转移转化和产业化。

6.3.3 政策工具与政策领域交叉分析

为进一步分析政策文本,将政策工具和政策领域两个维度进行交叉分析,见表6-7。根据表6-7可具体分析每一政策领域中各种政策工具的使用情况,如图6-3所示。同时,也可分析每个政策工具在不同政策领域的使用情况，如图 6-4 所示。

表 6-7 政策领域维度的政策工具使用情况

政策领域	政策主题	政策工具类型						
		激励工具	能力建设工具	权威工具	象征与劝诫工具	学习工具	系统变革工具	总计
人才培养	创新创业教育	3	34	1	4	0	0	42
	教学改革	2	19	0	2	0	1	24
	教学质量	2	34	5	1	0	1	43
	教学资源	1	23	0	1	0	0	25
	课程建设	0	36	0	1	0	0	37
	培养模式	4	114	2	10	0	10	140
	全面发展	1	17	0	1	0	0	19
	师资培养	16	140	25	9	8	4	202
	思政教育	0	26	3	1	8	0	38
	招生选拔	0	23	0	2	0	3	28
	专业建设	1	14	1	0	0	0	16
	人事管理	21	12	10	6	0	40	89
合计		51	492	47	38	16	59	703
科学研究	基础建设	0	45	0	2	0	0	47
	基础研究	0	21	0	4	0	0	25
	科研成果	3	7	0	0	0	0	10
	科研创新	0	21	0	2	0	0	23
	科研队伍	0	10	0	1	0	0	11
	科研服务	0	30	0	0	0	2	32
	科研项目	0	6	0	0	0	0	6

（续表）

政策领域	政策主题	政策工具类型						
		激励工具	能力建设工具	权威工具	象征与劝诫工具	学习工具	系统变革工具	总计
科学研究	学科建设	0	55	5	5	1	0	66
	学术成果	0	5	0	2	0	0	7
	智库	0	23	0	1	0	0	24
	科研管理	16	31	8	2	1	24	82
合计		19	254	13	19	2	26	333
社会服务	成果转化	3	112	5	28	1	2	151
	服务国家、地方	0	24	0	2	0	0	26
合计		3	136	5	30	1	2	177
文化传承创新	传统文化建设	0	32	2	4	3	0	41
	社会主义文化建设	0	14	1	2	18	0	35
	文化传播	0	22	0	3	0	0	25
	校园文化建设	0	69	4	5	4	2	84
	学术文化建设	0	13	0	0	0	0	13
合计		0	150	7	14	25	2	198
交流合作	国际交流合作	11	133	1	82	3	0	230
	社会参与	2	38	22	58	1	9	130
合计		13	171	23	140	4	9	360
学校管理	党建工作	1	1	201	2	50	13	268
	绩效评估	7	6	32	1	0	3	49
	体制机制	5	18	49	10	2	29	113

（续表）

政策领域	政策主题	政策工具类型						
		激励工具	能力建设工具	权威工具	象征与劝诫工具	学习工具	系统变革工具	总计
学校管理	校园建设	1	32	0	1	0	1	35
	治理结构	14	7	107	9	1	31	169
	资源管理	4	39	26	42	0	9	120
	组织领导	0	1	1	0	0	19	21
	人事管理	21	12	10	6	0	40	89
	科研管理	16	31	8	2	1	24	82
合计		69	147	434	73	54	169	946
总合计		155	1350	529	314	102	267	2717

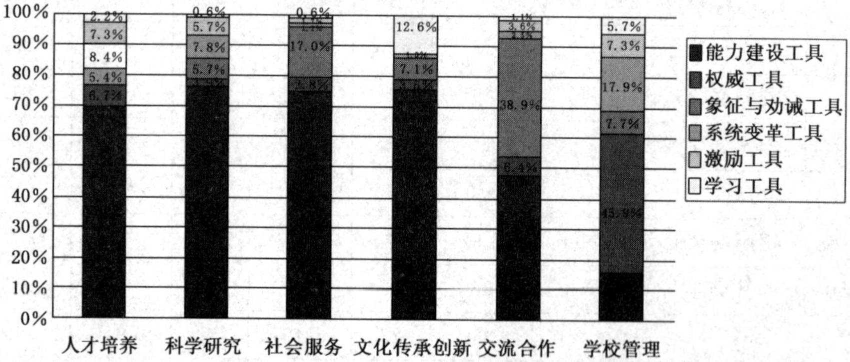

图 6-3　每类政策领域中政策工具使用情况

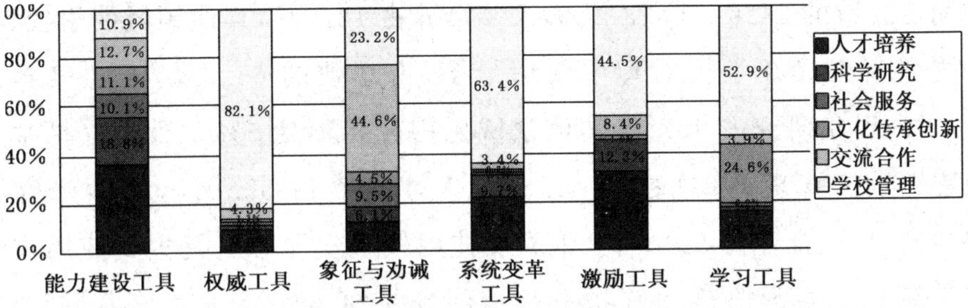

图 6-4　每种政策工具在政策领域中的使用情况

对图 6-3 的分析表明，人才培养中能力建设工具使用最多，占总数的 70%，其他政策工具使用较少。科学研究中主要使用能力建设工具，占总数的 76.3%，其他政策工具使用较少。社会服务中，主要使用能力建设工具，占总数的 76.8%，其次是象征与劝诫工具，比例 17%，其他政策工具使用较少。文化传承创新中，主要使用能力建设工具，占总数的 75.8%，其次是学习型工具，占总数的 12.6%，其他政策工具使用较少，没有使用任何激励工具。交流合作中主要使用能力建设工具和象征与劝诫工具，分别占总数的 47.5%和 38.9%，其他工具使用较少。学校管理中，权威工具使用最多，占总数的 45.9%，其次是系统变革工具和能力建设工具，比例分别为 17.9%和 15.5%，其他政策工具使用较少。

对图 6-4 的分析表明，能力建设工具在各领域都有使用，其中人才培养使用最多，占总数的 36.4%，科学研究占 18.8%，交流合作占 12.7%，文化传承创新占 11.1%，学校管理占 10.9%，社会服务占 10.1%。权威工具主要使用在学校管理领域，占总数的 82.1%，人才培养占 8.9%，其他领域使用极少，说明各高校主要通过权威工具，以直接发出指令的方式对学校进行规制。象征与劝诫工具主要使用在交流合作和学校管理中，分别占总数的44.6%和23.2%，人才培养占12.1%，其他领域使用较少。系统变革工具在学校管理中使用最多，占总数的63.3%，人才培养占22.1%，科学研究占9.7%，其他领域比例总和不足5%。激励工具主要使用于学校管理，占总数的44.5%，人才培养占32.9%，科学研究占12.3%，交流合作占8.4%，其他领域使用较少。学习工具主要使用在学校管理中，占总数的52.9%，文化传承创新占24.6%，人才培养占15.7%，其他领域使用较少。

6.4 研究结论及政策建议

6.4.1 研究结论

本研究从政策工具和政策领域两个维度对中国高校"双一流"政策进行了量化分析，得到如下研究结论：

第一，政策工具使用多样化但不均衡。研究表明，中国高校"双一流"政策中，六种政策工具都得到一定程度的使用，但其使用非常不均衡。能力建设工具使用过溢，占政策工具总数的49.7%，其他工具相对使用较少，激励工具和学习工具比例总和不足10%，说明各高校在推进一流大学建设的过程中更偏向于长期的能力建设，缺乏短期有效的激励性和学习措施。各政策领域中，政策工具的使用也存在一定的不均衡，如人才培养、科学研究、社会服务和文化传承创新中都过多使用了能力建设工具，其他政策工具使用频率过低，学校管理领域中使用权威型工具过溢，其他政策工具使用较少。

第二，政策领域覆盖面广但政策供给力度存在差异。六类政策领域都有使用，但存在一定差异。学校管理占34.8%，一定程度说明高校更倾向于通过强化对高校的管理来推动"双一流"建设，而文化传承创新和社会服务比例分别为7.3%和6.5%。学校管理的具体政策主题中，党建工作、治理结构、资源管理又分别占28.3%、17.9%、12.7%，由此可见，高校更关注学校内部管理体制和对资源的管控，这些做法会降低资源的使用效率，不利于激发相关群体的积极性，难以保障长期的建设活力。此外，交流合作政策领域中只涵盖了国际交流合作和社会参与，忽略了各一流大学建设高校之间的互动交流。

6.4.2 政策建议

基于以上研究结论，各一流大学建设高校未来政策调整中要注意政策工具的互补性与均衡性，同时加大相关政策领域的政策供给力度，不断优化中国高校"双一流"政策体系。

第一，充分使用多种政策工具的基础上，注重政策工具使用的均衡性，发挥政策工具之间的互补性。"双一流"建设的确是一项倍受重视并需要长期为之坚持的任务，各高校普遍依靠能力建设工具对此进行长期投资和激励，这一努力值得理解与肯定。但我们也要看到，政策工具本质上是连接政策目标与政策结果的桥梁，每一种政策工具在发挥作用时，也具有不可避免的局限性。能力建设工具注重长期目标的实现，使用这一工具可以更好地帮助高校自主推进建设进程，但使用过溢则难以保障政策执行者在长时间内的积极性，导致政策目标实现周期长，难以有效达成政策目标。而激励工具利用实际奖励等有效措施可以推动政策目标及时有效地回馈，充分调动政策执行者的主观能动性和创造性。建设一流大学的长期过程中，人们难免对同一个政策问题有不同的理解和解决方法，学习型工具的使用则可以通过学习增进对政策问题的理解，有助于政策目标的明确性。因此，为保证"双一流"建设的顺利开展，各高校应该在综合使用多种政策工具的基础上，注重政策工具的互补性与均衡性。

第二，优化调整政策供给力度，保障大学职能的充分发挥。通过以上分析可知，目前高校将发展重点过多地放在学校管理这一领域，其比例高达 34.8%，而对文化传承创新和社会服务的政策供给并不充足。随着时代的发展，大学职能逐步拓展，当前大学职能包括人才培养、科学研究、社会服务和文化传承创新，其中人才培养和科学研究是最基本的职能，而社会服务和文化传承创新也不可或缺，且对大学在经济社会发展中发挥影响力起到越来越重要的支撑作用。因此，各高校应在今后的政策体系构建中加大对社会服务和文化传承创新的政策供给，保证大学四大基本职能的充分发挥。除此之外，在交流合作的过程中应注重各高校之间的合作共赢，通过加强高校系统内部的经验交流和资源共享共同推动一流大学建设。

第7章 中国高校“双一流”政策的典型特征及主要问题

随着国家“双一流”战略的驱动，中国各一流大学建设高校相继出台了“双一流”建设方案。本章选取中国41所一流大学建设高校制定的“双一流”政策文本进行详细分析，其典型特征表现为：短时间内集中发布、政策名称和文本结构趋同、学科建设成为牵引与核心；存在的问题包括：发展阶段的划分理想导向高于客观实际、自上而下的政策制定和执行模式难以有效激发大学基层学术组织积极性、构建现代大学制度的重视程度不足。在“双一流”建设推进过程中，中国高校应进一步优化政策。

7.1 引言

中国自1993年启动“211工程”建设以来，历经“985工程”“2011计划”和“双一流”建设等重大国家工程，建设世界一流大学和一流学科的思路逐步明晰并上升为国家战略。2015年10月开始，中国政府先后发布了《统筹推进世界一流大学和一流学科建设总体方案》(以下简称《总体方案》)、《统筹推进世界一流大学和一流学科建设实施办法(暂行)》(以下简称《实施办法》)、《关于公布世界一流大学和一流学科建设高校及建设学科名单的通知》,宣告中国正式启动和实施“双一流”建设。为回应国家这一战略举措,中国一流大学建设高校纷纷制定“双一流”建设方案,推动一流大学和一流学科建设。

目前,关于中国“双一流”政策的研究,主要集中在政策的演进历程、主要特点及相关内容评价等方面。徐超富等(2007)回顾了新中国成立以来一流大学的发展历程,指出了发展误区并提出了相关建议[133]。程雅杰(2013)指出“211 工程”“985 工程”及“2011 计划”是我国世界一流大学建设的标志性政策,呈现出渐进决策的特征[134]。王庆华(2017)指出任何一项公共政策都会随着时代的发展而变化,我国建设世界一流大学政策变迁是多重因素作用的结果[20]。吴小玮(2017)指出不同省域“双一流”建设方案较为一致,体现了科学定位、分类发展、延续重点的设计原则[33]。褚照锋(2017)发现各地区在“双一流”政策颁布时间以及机构、文本名称、规划时间等方面差异较大[35]。张伟等(2018)指出在“双一流”政策推进中要谨防窄化建设内涵、过度管理主义和漠视中国特色三种倾向[125]。苏林等(2018)对我国省域“双一流”政策的突出特点和典型矛盾进行了分析,并提出破解策略[135]。刘丽丽等(2019)从政策数量、发布时间、发布部门、政策类别四个方面对国家层面的“双一流”政策做了量化分析[27]。

已有文献为深入研究奠定了基础,但当前研究仍然存在以下问题:定性分析较多,定量研究不足,导致很难形成令人信服的结论;研究对象集中于国家和省域层面,缺乏对高校层面“双一流”政策的研究。基于以上分析,本研究以中国 41 所一流大学建设高校“双一流”建设方案为研究对象,应用内容分析方法对中国高校制定的“双一流”政策进行量化分析,以期加深对这一政策体系的认识,得出有价值的结论。本研究重点回应以下问题:中国一流大学建设高校出台了哪些“双一流”建设政策?这些政策表现出哪些典型特征?存在哪些问题?如何进一步优化?

7.2 样本选择

根据2017年9月发布的《关于公布世界一流大学和一流学科建设高校及建设学科名单的通知》,中国首批确定的一流大学建设高校共计42所。这些高校是中国高水平大学的典型代表,位列中国高校的第一方阵,是中国高校冲击世界一流大学的主力军。2018年2月,教育部正式批复了42所一流大学建设高校的建设方案。因此,本研究以中国一流大学建设高校的建设方案为研究对象,对这一政策体系进行深入分析。本研究所收集的“双一流”政策文本来源于各大学的官方网站,由于国防科技大学没有在官方网站上公布其建设方案,研究样本最终确定为41所一流大学建设高校的建设方案,政策文本基本情况如表7-1所示(以制定时间先后为序)。

表7-1　一流大学建设高校建设方案一览表

序号	高校名称	制定时间	序号	高校名称	制定时间
1	西北工业大学	2017.08	8	郑州大学	2017.12
2	中南大学	2017.10	9	电子科技大学	2017.12
3	中国海洋大学	2017.11	10	中国科学技术大学	2017.12
4	东南大学	2017.12	11	西安交通大学	2017.12
5	南开大学	2017.12	12	华中科技大学	2017.12
6	山东大学	2017.12	13	复旦大学	2017.12
7	上海交通大学	2017.12	14	四川大学	2017.12

（续表）

序号	高校名称	制定时间	序号	高校名称	制定时间
15	西北农林科技大学	2017.12	29	中国人民大学	2017.12
16	中央民族大学	2017.12	30	北京航空航天大学	2017.12
17	中山大学	2017.12	31	北京理工大学	2017.12
18	南京大学	2017.12	32	北京师范大学	2017.12
19	云南大学	2017.12	33	兰州大学	2017.12
20	北京大学	2017.12	34	清华大学	2017.12
21	东北大学	2017.12	35	浙江大学	2017.12
22	哈尔滨工业大学	2017.12	36	重庆大学	2017.12
23	华东师范大学	2017.12	37	大连理工大学	2017.12
24	华南理工大学	2017.12	38	湖南大学	2018.01
25	吉林大学	2017.12	39	中国农业大学	2018.01
26	厦门大学	2017.12	40	武汉大学	2018.01
27	天津大学	2017.12	41	同济大学	2018.01
28	新疆大学	2017.12			

7.3 中国高校“双一流”政策的典型特征

7.3.1 短时间内政策集中发布

国务院《总体方案》指出：“要编制建设方案，深入研究学校的建设基础、优势特色、发展潜力等，科学编制发展规划和建设方案，提出具体的建设目标、任务和周期，明确改革举措、资源配置和资金筹集等安排。”《实施办法》进一步提出：“列入拟建设名单的高校要编制建设方案，5 年为一个周期，设定合理、具体的分阶段建设目标和建设内容。”由于第一轮“双一流”建设的起始时间是 2016 年，从 2015 年 10 月《总体方案》出台到 2017 年 9 月最终的“双一流”建设高校名单公布，这一轮的建设已经过去 21 个月，因此对“双一流”建设高校来说，建设方案的制定已经非常紧迫。

由表 7-1 分析可见，自 2017 年 8 月至 2018 年 1 月，41 所一流大学建设高校在半年内制定完成了建设方案。从制定政策速度分析，可以将这些高校分为三类：先行一步高校、反应迅速高校、反应一般高校。先行一步高校是西北工业大学，在“双一流”建设高校名单正式公布的前一个月就出台了建设方案。反应迅速高校是中南大学和中国海洋大学，在名单公布之后的 2 个月内出台建设方案。而其他 38 所反应一般高校则是在名单公布后的 3—4 个月内才公布建设方案。总体上，各高校都高度重视“双一流”建设，将其视为自身发展的重大机遇。一些高校如西北工业大学，将“双一流”建设作为事关学校生存发展和未来的重大机遇，《总体方案》刚刚公布一个月，西北工业大学就召开了“双一流”建设动员会，校长作了动员报告并提出了三阶段奋斗目标[136]。制定完成建设方案后，留给各高校的建设时间仅有 3 年，如何在这个周期内实现快速发展，达到国家对“双一流”高校的评价要求，各高校也感受到了很大压力[137]。

7.3.2 政策名称和文本结构趋同

从政策文本名称来看，各高校均将“双一流”建设方案命名为《一流大学建设高校建设方案》。同时，各高校根据《总体方案》和《实施办法》对建设方案的相关要求，并参考以上两个国家层面政策的文本结构，形成了大致相同的“双一流”建设政策文本结构。

由表 7-2 可见，几乎所有高校的政策文本中都包含了建设目标、建设基础、建设内容、预期成效、组织保障五部分内容。部分高校，如中国海洋大学、南开大学、山东大学、上海交通大学、郑州大学、中国科学技术大学、复旦大学、中山大学、北京大学、吉林大学、厦门大学、中国人民大学、北京理工大学、浙江大学、大连理工大学、湖南大学、中国农业大学、武汉大学等18所高校都加入了改革任务或综合改革部分，这既是对《总体方案》中第三部分改革任务政策文本内容的呼应，也是对《实施办法》中提出的“以改革为动力”的回应。各高校都在政策文本中提出要坚持中国特色社会主义办学方向，扎根中国大地办大学，推进中国特色世界一流大学建设，部分高校如中南大学、中国科学技术大学、厦门大学、天津大学、北京理工大学、武汉大学等6所高校单独列出“指导思想”部分给予重点强调。所有高校都强调了学科的龙头带动作用，并将“双一流”实现的目标定位为是否有足够的学科进入到世界一流学科行列，其中山东大学、中南大学、天津大学、复旦大学、浙江大学5所高校将“拟建设学科或学科规划”列为单独部分给予重点强调。

表7-2　一流大学建设高校建设方案文本结构

序号	学校名称	文本结构
1	西北工业大学	建设目标、建设基础、建设内容、预期成效、组织保障
2	中南大学	指导思想、建设目标、拟建设学科、办学理念与定位、建设内容、预期成效、组织保障
3	中国海洋大学	建设目标、建设基础、建设内容、改革举措、预期成效、组织保障
4	东南大学	建设目标、建设基础、建设内容、预期成效、组织保障
5	南开大学	基本情况、总体要求、建设目标、建设基础、改革内容、预期成效、组织保障
6	山东大学	建设目标、建设基础、学科规划、建设任务、改革任务、预期成效、政治保证

（续表）

序号	学校名称	文本结构
7	上海交通大学	建设目标、建设基础、建设任务、改革任务、预期成效、组织保障
8	郑州大学	建设背景、建设基础、建设目标、建设任务、改革任务、预期成效、组织保障
9	电子科技大学	建设目标、建设基础、建设内容、预期成效、组织保障
10	中国科学技术大学	指导思想与目标、建设任务、改革任务、预期成效、组织保障
11	西安交通大学	建设目标、建设基础、建设内容、预期成效、组织保障
12	华中科技大学	建设目标、建设基础、建设内容、预期成效、组织保障
13	复旦大学	建设目标、学科建设总体规划、建设任务、改革任务、预期成效、组织保障
14	四川大学	建设目标、建设基础、建设内容、预期成效、组织保障
15	西北农林科技大学	建设目标、建设基础、建设内容、预期成效、组织保障
16	中央民族大学	建设目标、建设基础、建设内容、预期成效、组织保障
17	中山大学	建设基础、建设目标、建设任务、改革任务、预期成效、组织保障
18	南京大学	建设目标、建设基础、建设内容、预期成效、组织保障
19	云南大学	建设目标、建设基础、建设内容、预期成效、组织保障
20	北京大学	建设目标、建设基础、综合改革、建设内容、预期成效、组织保障
21	东北大学	建设目标、建设基础、建设内容、预期成效、组织保障
22	哈尔滨工业大学	建设目标、建设基础、建设内容、预期成效、组织保障
23	华东师范大学	建设目标、建设基础、建设内容、预期成效、组织保障

（续表）

序号	学校名称	文本结构
24	华南理工大学	建设目标、建设基础、建设思想、建设内容、预期成效、组织保障
25	吉林大学	指导思想、建设目标、建设内容、改革任务、预期成效、组织保障
26	厦门大学	指导思想与目标、建设基础、建设任务、改革任务、预期成效、组织保障
27	天津大学	指导思想、建设目标、拟建设学科、办学理念与定位、建设内容、预期成效、组织保障
28	新疆大学	建设目标、建设基础、建设内容、预期成效、组织保障
29	中国人民大学	建设目标、建设基础、建设任务与改革任务、支撑体系、预期成效、领导与组织保障
30	北京航空航天大学	建设目标、建设基础、建设内容、预期成效、组织保障
31	北京理工大学	指导思想、建设目标、建设任务、改革任务、预期成效、组织保障
32	北京师范大学	建设目标、建设基础、建设内容、预期成效、组织保障
33	兰州大学	建设目标、建设基础、建设内容、预期成效、组织保障
34	清华大学	建设目标、建设基础、建设内容、预期成效、组织保障
35	浙江大学	建设基础、建设目标、建设任务、世界一流学科建设、改革与治理、预期成效与组织保障
36	重庆大学	建设目标、建设基础、建设内容、预期成效、组织保障
37	大连理工大学	建设目标、建设基础、建设任务、改革任务、预期成效、组织保障
38	湖南大学	建设目标、建设基础、建设任务、改革任务、预期成效、组织保障

（续表）

序号	学校名称	文本结构
39	中国农业大学	建设目标、建设基础、建设任务与改革任务、支撑体系、预期成效、领导与组织保障
40	武汉大学	指导思想、建设目标、建设基础、建设内容、改革任务、预期成效、组织保障
41	同济大学	建设目标、建设基础、建设内容、预期成效、组织保障

7.3.3 一流学科建设成为推进“双一流”的牵引与核心

学科是大学的肌体和细胞，学科水平是衡量一所大学是否是一流大学的标尺。没有一流学科就没有一流大学[138]，已经成为理论界和实践界的共识。《总体方案》提出：“要坚持以学科为基础，带动学校发挥优势、办出特色。”《实施办法》进一步提出：“一流大学建设高校应该通过长期建设拥有一定数量国内领先、国际前列的高水平学科。”中国各一流大学建设高校在建设方案中，均将一流学科建设作为“双一流”建设的牵引和核心内容，各高校根据国家制定的2020、2030和2050年三个阶段建设目标及自身情况，制定了相应的学科发展规划，如表7-3所示。

表7-3 一流大学建设高校的学科发展规划

序号	学校名称	发展规划	序号	学校名称	发展规划
1	西北工业大学	“3＋2”学科建设	4	东南大学	15个学科群＋6个新兴学科
2	中南大学	“9＋1”学科建设	5	南开大学	“7＋8＋X”学科建设规划
3	中国海洋大学	5个学科群	6	山东大学	5个优势学科领域＋特色交叉学科

（续表）

序号	学校名称	发展规划	序号	学校名称	发展规划
7	上海交通大学	17个学科群	20	北京大学	“30＋6＋2”学科建设项目
8	郑州大学	“6＋3”方案	21	东北大学	2个学科群
9	电子科技大学	5个学科群	22	哈尔滨工业大学	“2511”学科建设
10	中国科学技术大学	“11＋6＋1”学科建设	23	华东师范大学	2个学科群＋4个特色学科
11	西安交通大学	4大类学科建设	24	华南理工大学	“4＋2”重点学科建设
12	华中科技大学	11个学科群	25	吉林大学	5类11个一流学科(群)
13	复旦大学	27个一级学科	26	厦门大学	11个交叉融合学科群
14	四川大学	“4＋1”学科发展布局	27	天津大学	10个学科领域
15	西北农林科技大学	4个学科群	28	新疆大学	3个学科群
16	中央民族大学	民族学学科群	29	中国人民大学	14个优势重点学科
17	中山大学	“44＋10＋7”建设	30	北京航空航天大学	重点建设12个学科群
18	南京大学	23个学科＋9个学科群＋5个学科领域	31	北京理工大学	“5＋3”学科群建设
19	云南大学	5个学科(群)	32	北京师范大学	高峰和高原计划

（续表）

序号	学校名称	发展规划	序号	学校名称	发展规划
33	兰州大学	7个学科群	38	湖南大学	2个一级学科＋3个学科群
34	清华大学	学科领域、学科群、学科三层次学科建设体系	39	中国农业大学	高峰学科、高原学科、基础与支撑学科3个梯次建设
35	浙江大学	高峰学科＋一流骨干基础学科＋优势特色学科	40	武汉大学	10个优势学科（群）建设
36	重庆大学	5大学科群建设	41	同济大学	9个一流学科＋4个交叉学科领域
37	大连理工大学	高峰学科群＋优势学科群			

对表7-3的分析发现，各高校学科发展规划表现出如下特点：第一，坚持有所为、有所不为、有所先为、有所后为。各高校都强调要集中有限资源优先发展优势学科，如上海交通大学明确提出："遵循教育规律，集中有限资源，优化优势学科、特色学科和需求学科等不同层次学科。"西北工业大学提出了"3＋2"学科建设方案，重点建设3个特色优势学科、2个主干支撑学科群。第二，分层次、分类推进。各高校均通过优化整合学科，以学科领域、学科群和学科（传统、特色、新兴、交叉）等形式，分层次、分类推进一流学科建设。如清华大学将全校学科划分为4个学科领域、20个学科群和8个独立学科，分类分层次推进一流学科建设。哈尔滨工业大学提出了"2511"一流学科建设计划，重点建设2个一级学科、5个学科群、1个特色学科群和1个交叉学科群。第三，兼顾学科高峰和学科高

原。如南开大学将学科整体分为“率先冲击世界一流学科”“巩固发展学科高原”“新兴交叉学科与新增学科”三个层次进行建设，打造“7＋8＋X”的发展格局。中国农业大学提出“高峰学科、高原学科、基础与支撑学科3个梯次建设”。第四，兼顾当前目标和长远发展。如北京大学提出以一级学科、学科群和学科领域为口径，按照“30＋6＋2”方式组织学科建设项目，即面向2020年重点建设30个优势学科，面向2030年重点建设6个综合交叉学科群，面向更长远重点建设2个重大领域。四川大学提出优势特色学科、交叉融合学科、前沿探索学科、面向未来学科和超前部署学科“4＋1”的学科发展布局。第五，突出高校优势和特色。如东北大学重点发展“控制科学与工程”和“冶金工业流程”学科群，中央民族大学重点发展“民族学”学科群等。

7.4 中国高校“双一流”政策的主要问题

7.4.1 “双一流”建设发展阶段的划分理想成分高于客观实际

为推进“双一流”建设，《实施办法》提出了2020年、2030年和2050年三个时间节点的奋斗目标。根据这一国家层面的规划，各一流大学建设高校在建设方案中均制定了近期目标(2020年)、中期目标(2030年)和远期目标(2050年)，一些大学根据建校时间对时间节点做了微调，如表7-4所示。

表7-4 一流大学建设高校建设目标

序号	学校名称	近期目标(2020年)	中期目标(2030年)	远期目标(2050年)
1	西北工业大学	达到国际知名高水平研究型大学水平	接近世界一流大学水平	综合排名进入世界前100名

（续表）

序号	学校名称	近期目标（2020年）	中期目标（2030年）	远期目标（2050年）
2	中南大学	初步进入世界一流大学行列	进入世界一流大学行列	进入世界一流大学前列
3	中国海洋大学	建成国际知名、特色显著的研究型大学	建成世界一流的综合性海洋大学	建成特色显著的一流大学
4	东南大学	达到世界一流大学水平	稳居世界一流大学行列	位于世界一流大学前列
5	南开大学	2019年：建成世界知名高水平大学	跻身世界一流大学行列	进入世界一流大学前列
6	山东大学	接近或进入世界200强	基本建成世界一流大学	跻身世界一流大学前列
7	上海交通大学	跻身世界一流大学行列	进入世界一流大学前列	建成卓越的世界一流大学
8	郑州大学	建成国家一流大学	2035年：进入世界一流大学行列	建成世界一流大学
9	电子科技大学	建成在电子信息领域具有世界一流水平、理工深度融合的研究型大学	初步进入世界一流大学行列	迈入世界一流大学行列
10	中国科学技术大学	跻身世界一流大学行列	进入世界一流大学前列	稳居世界一流大学前列
11	西安交通大学	进入世界一流大学行列	达到世界一流大学中上水平	跻身世界一流大学前列
12	华中科技大学	初步进入世界一流大学行列	建成世界一流大学	进入世界一流大学前列

（续表）

序号	学校名称	近期目标(2020年)	中期目标(2030年)	远期目标(2050年)
13	复旦大学	初步建成中国特色世界一流大学	处于世界一流大学前列	处于顶尖世界一流大学行列
14	四川大学	接近世界一流大学水平	迈入世界一流大学行列	进入世界一流大学前列
15	西北农林科技大学	主要办学指标位居国内同类高校前列	初步建成世界一流农业大学	进入世界一流农业大学前列
16	中央民族大学	一流大学特征进一步凸显	进入世界同类高校前列	建成世界一流大学
17	中山大学	奠定建设世界一流大学的坚实基础	居于世界前100名左右	进入世界前50
18	南京大学	进入世界一流大学行列	力争进入世界一流大学前列	进入世界一流大学前列
19	云南大学	建成全国一流的综合性研究型大学	初步建成世界一流大学	建成世界一流大学
20	北京大学	建成世界一流大学	处于世界一流大学前列	2048年：顶尖世界一流大学
21	东北大学	整体实力及关键指标接近世界一流	建成世界一流大学	保持世界一流水平
22	哈尔滨工业大学	进入世界一流大学行列	进入世界一流大学前列	成为世界顶尖大学
23	华东师范大学	建成世界知名高水平大学	接近世界一流大学水平	建成世界一流大学
24	华南理工大学	全面建成世界知名高水平研究型大学	初步建成世界一流大学	全面建成世界一流大学

（续表）

序号	学校名称	近期目标（2020 年）	中期目标（2030 年）	远期目标（2050 年）
25	吉林大学	接近或跻身世界一流大学行列	基本建成中国特色世界一流大学	2046 年：建成中国特色世界一流大学
26	厦门大学	全面建成世界知名高水平研究型大学	进入世界一流大学行列	位居世界一流大学前列
27	天津大学	建成世界知名高水平大学	基本建成世界一流大学	2045 年：建成世界一流大学
28	新疆大学	建成西部先进、中亚一流、国际知名高水平大学	2035 年：成为中亚地区最具影响力的区域一流大学	基本建成中国特色的世界一流大学
29	中国人民大学	近期中期远期目标：进入世界一流大学行列，并在此基础上全面建成"中国特色、世界一流"大学		
30	北京航空航天大学	进入国内高校的"领跑梯队"，具备世界一流大学基本特征	达到世界一流大学水平	进入世界一流大学前列
31	北京理工大学	成为亚洲一流大学	进入世界一流大学行列	2040 年：建成世界一流大学
32	北京师范大学	为建设世界一流大学奠定坚实基础	2035 年：初步建成世界一流大学	学校跨入世界一流大学前列
33	兰州大学	进入世界一流大学行列	向世界一流大学前列迈进	进入世界一流大学前列
34	清华大学	达到世界一流大学水平	迈入世界一流大学前列	成为世界顶尖大学
35	浙江大学	进入世界一流大学行列	跻身世界一流大学前列	建成世界顶尖大学

（续表）

序号	学校名称	近期目标(2020年)	中期目标(2030年)	远期目标(2050年)
36	重庆大学	建成高水平、研究型大学	进入世界一流大学行列	向世界一流大学前列迈进
37	大连理工大学	形成世界一流大学建设基本格局	初步建成特色鲜明的世界一流大学	全面建成世界一流大学
38	湖南大学	部分优势学科达到世界一流水平	初步建成世界一流大学	全面建成世界一流大学
39	中国农业大学	为建设世界一流大学打下坚实基础	初步建成世界一流大学	全面建成世界一流大学
40	武汉大学	初步跻身世界一流大学行列	整体建成世界一流大学	进入世界一流大学前列
41	同济大学	全面建成世界知名高水平大学	进入世界一流大学行列	进入世界一流大学前列

对表7-4的进一步分析发现，在2020年的近期目标中，有15所高校的目标是建成世界一流大学或是初步进入世界一流大学行列（占36.6%），其中北京大学和清华大学的目标是建成世界一流大学，其他13所高校的目标是进入（跻身）世界一流大学行列；26所高校的目标是建成世界知名高水平大学（占63.4%），为一流大学建设奠定良好基础。在2030年的中期目标中，9所高校（北京大学、清华大学、浙江大学、复旦大学、上海交通大学、中国科学技术大学、哈尔滨工业大学、南京大学、兰州大学）的目标是处于或稳居世界一流大学前列（占21.9%），20所高校的目标是建成或稳居世界一流大学行列（占48.8%），11所高校的目标是初

步建成或接近世界一流大学行列（占 26.8%），1 所高校（新疆大学）的目标是建成区域性一流大学（占 2.4%）。在 2050 年的远期目标中，6 所高校（北京大学、清华大学、浙江大学、复旦大学、上海交通大学、哈尔滨工业大学）的目标是成为世界顶尖大学（占 14.6%），17 所高校的目标是处于世界一流大学前列（占 41.5%），17 所高校的目标是建成世界一流大学（占 41.5%），1 所高校（新疆大学）的目标是基本建成世界一流大学（占 2.4%）。通过对各高校建设目标的分析，各高校对世界知名大学的界定是世界排名前 200 名，一流大学的界定是世界排名前 100 名，一流大学前列的界定是世界排名前 50 名，顶尖大学的界定还比较模糊。如果以《泰晤士高等教育》2017 年世界大学的排名分析，2017 年中国内地高校有 7 所进入世界前 200 名，进入前 100 名的只有北京大学和清华大学 2 所高校。根据各高校的规划，2020 年 41 所高校均建成世界知名大学，其中 15 所高校建成世界一流大学，也就是说在 3 年时间内，要新增 34 所高校进入世界前 200 名，新增 13 所高校进入世界前 100 名。沿此思路，到 2030 年 40 所高校进入世界前 200 名，其中 29 所高校进入世界前 100 名、9 所高校进入世界前 50 名。到 2050 年 41 所高校均进入世界前 200 名，其中 40 所高校进入世界前 100 名，23 所高校进入世界前 50 名。可见，一流大学建设高校的建设目标理想成分高于客观实际，仍然是理想导向的政策，实际上是按照国家发展战略做出的被动选择，这些目标的实现需要跨越式发展，难度之大可想而知。

7.4.2 政策制定和执行模式难以有效激发大学基层学术组织积极性

“双一流”政策的制定，从国家层面和各高校层面都表现出自上而下为主制定政策的特点。本轮“双一流”高校的确定标准、评价方法完全是在国家层面进行操作，各高校在此过程中没有话语权。“双一流”高校名单确定后，各一流大学建设高校制定建设方案过程中，主要是为了落实《总体方案》和《实施办法》，努力实现国家的政策目标。从政策文本内容上，各一流大学建设高校建设方案中第一段都会开宗明义：“根据党中央和国务院的战略部署，为了加快推进中国特色世界一流大学建设，制定本方案。”在具体政策制定过程中，各高校主要通过召集各学院负责人、学科负责人以及相关职能部门负责人进行集中研讨等形式，制定本校的“双一流”建设方案[139][140][141]。作为学科建设主体的广大教师，很少有机会参与到政策制定过程中，这在一定程度上影响了政策目标制定的科学性和合理性，制定的目标也很难形成共识并得到广大教师的支持。

而在“双一流”政策推进过程中，普遍做法是成立“双一流”建设领导小组，一般情况下各高校党委书记、校长任组长，负责统筹推进方案的落实。领导小组下设办公室，通常设在各高校的学科建设办公室，负责日常工作。同时，强化院系的主体地位和院系领导责任制，强调要进行绩效考核和激励问责。在政策推进过程中，一个突出的特点仍然是采取自上而下的方式推进政策执行。一般通过项目推动或绩效指标推动，跟踪相关任务的完成情况，并进行适当激励和问责。由于在政策制定阶段制定的目标过于理想化导致很难形成共识，因此可以预见，即使在政策执行阶段采取自上而下的强力推动，也很难激发各个学科内部优质网络节点（广大教师）的内在动力，从而难以实现预期的政策目标。

7.4.3 普遍缺乏对构建现代大学制度的重视

国家层面“双一流”建设的政策目标是加快建设中国特色世界一流大

学建设，打造高等教育强国。要实现国家的战略目标，必须深入思考的核心和本质问题是：如何才能打造世界一流大学和一流学科？成立于1991年，在短短二十几年就打造为世界一流大学的香港科技大学的成功案例具有极强的参考价值。对于香港科技大学的成功崛起，香港科技大学原副校长孔宪铎教授反复提到的一个做法是："延聘第一流人才，并使他们快乐"[142]。通过引进世界一流学者群体，并让他们在香港科技大学治理架构下快乐工作，实现了学校的飞速发展。香港科技大学的治理架构就是现代大学制度，这是创建世界一流大学最重要的前提和基础。要建设中国特色世界一流大学，一定要建立起现代大学制度，让每个人在这种制度下快乐工作，最大限度地激发潜能，打造世界一流学科进而建成世界一流大学。

现代大学制度应该包括大学与政府的关系、大学与社会的关系以及大学的内部治理结构[143]。由于中国内地高校大多数为公立高校，大学与政府的关系、大学与社会的关系，涉及国家层面的制度调整，大学往往只能呼吁，很难操作。对大学来说，内部治理结构就成为构建现代大学制度的重中之重。对41所高校的建设方案分析发现，构建现代大学制度恰恰成为政策文本的薄弱环节。只有少部分高校的政策文本中包含了治理体系改革的相关内容，这些高校如北京大学、哈尔滨工业大学都强调要以《大学章程》为核心，构建现代大学制度体系，建立学校、学部和学院三级管理体制，进一步激发基层学术组织的积极性和创造性。对于大学制度体系中重要突破口的教师人事管理体制，只有少部分高校如北京大学强调要构建具有全球竞争力的人才管理制度体系。总体上，中国特色现代大学制度部分内容还很有限，而这部分内容应该成为各高校创建世界一流大学的基础工作，需要在后续建设中强化。

7.5 研究结论与对策

本研究基于内容分析方法对中国41所一流大学建设高校的“双一流”政策进行了量化分析，研究表明，其典型特征表现为：短时间内政策集中颁布、政策名称和文本结构趋同、一流学科建设成为推进“双一流”的牵引和核心；存在的问题包括：“双一流”建设发展阶段的划分理想成分大于客观实际、自上而下的政策制定和执行模式难以有效激发大学基层学术组织积极性、普遍缺乏对构建现代大学制度的重视。

基于以上研究结论，本研究认为一流大学建设高校在未来发展中要进一步优化建设方案，可以考虑从以下几方面做出调整：首先，在政策制定阶段，各高校应坚持决策的科学性和民主性，最大限度地发挥校内师生的智慧和积极性，制定符合自身特色的更切实可行的近期、中期和远期目标，同时出台激励、评价等方面的具体政策，不断丰富各高校的“双一流”政策体系。其次，在政策执行阶段，要将“双一流”政策与各高校“十三五”规划有机衔接，一同部署、一同落实，形成推动“双一流”建设的政策合力，及时总结政策推进过程中出现的问题，从而不断调整和完善政策体系。最后，各高校应该高度重视中国特色现代大学制度建设，将其作为高校推进一流大学建设的基础工程，重点通过构建良好的内部治理结构推动中国高校的健康成长。

第 8 章　学院如何实现高成长
——以清华大学经济管理学院为例

在“双一流”建设背景下，学院发展已经成为影响一流大学和一流学科建设的关键。本章选取清华大学经济管理学院为案例进行探索性研究，引入资源基础理论、战略管理理论等多理论视角探究其成长历程。研究表明，该学院具有战略规划制定引领学院发展方向、清晰界定权责优化内部资源、构建外部网络获取稀缺资源的典型特征，支撑其发展的治理机制是强有力的领导力、不断完善的现代大学制度以及追求卓越的文化，最后提出学院实现高成长的机理模型。

8.1　引言

随着国家“双一流”战略的提出及公共政策的持续供给，一流大学和一流学科建设在理论和实践领域持续升温。在实践领域，除了国家的持续政策供给外，目前中国大陆各省域政府已经陆续出台政策支持本省域相关高校建设世界一流大学和一流学科，国家确定的第一批“双一流”高校也纷纷出台实施方案以期加快自身发展，而其他非“双一流”高校则希望通过一段时期的发展在下一个“双一流”建设周期的调整中进入国家

“双一流”建设名单。在理论界，一流大学和一流学科相辅相成、一流大学哺育一流学科、一流学科成就一流大学等已经成为共识。大学中的二级学院，是学科和专业的汇集地，承担着大学人才培养、科学研究和社会服务的基本职能。作为连接学科和大学的枢纽，其发展无疑对一流大学和一流学科建设具有决定性影响。因此，“学院的健康高成长”问题已经成为“双一流”建设的核心研究内容之一，具有重要的理论和现实意义。

以“学院治理”为主题在中国知网上搜索，近五年发表在 CSSCI 期刊和北大核心期刊上的论文数量情况是：2014 年 4 篇、2015 年 4 篇、2016 年 5 篇、2017 年 17 篇、2018 年 18 篇，可见这一领域的文献正在逐年增多，逐步引起学者重视。既有研究主要集中在三个方面：(1)阐述学院治理的重要性。这部分学者认为学院治理是实现大学治理的必要条件[144]，但当前学院治理在理论和实践层面仍然重视不足[145]。(2)对高校二级学院治理的演进历程、存在问题及优化路径加以探讨。这些学者总结新中国成立以来大学院(系)治理的政策变迁特征[146]，分析学院治理产生的原因、内在逻辑、现实合理性和内在局限性[147]，界定作为学院重要决策机制的党政联席会的权力边界[148]，指出学院面临的治理权限、方式、机制和制度困境[149]，提出学院治理的优化路径[150]。(3)对国外一流大学学院治理进行研究。相关学者介绍了剑桥大学教育学院的治理架构、运行机制和学院文化[151]，分析美国研究型大学学院治理模式及治理理念[152]，以对中国学院建设有所启发。

虽然学院治理研究渐热，但相对于大学治理研究而言，当前这一领域的研究文献还很有限。既有研究成果仍然存在以下不足：第一，核心概念尚不清晰。虽然有关学院治理的文献在逐年增加，但对于学院这一核心概念尚未清晰界定，已有研究大多将学院视为大学的基层组织，并未对其做清晰界定，导致对学院的本质问题很难有更深入的认知。第二，缺乏相应理论视角。大多数研究从学院具体运作的经验总结角度进行探讨，缺乏理论视角，很难得出有深度的结论。第三，实证研究成果有限。运用相关数据或案例进行研究的较少，导致难以有效解释学院治理的深层机理。基于以上研究不足，选取清华大学经济管理学院开展探索性单案例研究，在研究过程中引入资源基础理论、知识管理理论、战略管理理论等多理论视角，探究学院高成长的深层机理，进而得出有价值的一般结论，为中国"双一流"建设提供借鉴。

8.2 核心概念与研究方法

8.2.1 核心概念

知识管理理论研究表明，知识已经成为组织成长的关键资源，是组织长期竞争优势的源泉。在此将大学二级学院界定为一个典型的知识型组织，是大学实现其知识传播(人才培养)、知识生产(科学研究)和知识应用(社会服务)职能的实体，这是学院有别于其他组织的典型特征。基于此，再引入组织资源观的理论视角，沿着"资源—能力—成长"逻辑思路，分析学院的高成长机理。依据这一研究逻辑，作为知识型组织的大学二级学院，只有有效利用其内外部资源，才能不断提升其知识整合能力，实现学院高成长。所谓学院知识整合能力是指对学院内部和外部的知识进行有效识别和充分利用，促进学院内部知识主体之间以及学院与外部知识主体之间不同维度上知识的互动，从而提升学院知识传播、知识生产和知识应用的能力。需要指出的是，研究强调的学院高成长是指学院的快速健康成长和持续高质量成长，有别于一些大学二级学院通过短期低质量的规模扩张实现的成长，因为这种成长会因为"肥胖症"等问题导致不可持续。

8.2.2 研究方法

这里主要应用案例研究方法。相对于其他研究方法，案例研究方法有助于创建新理论，更好地对理论模型进行检验，可能更具有现实有效性[153]。本研究采用探索性单案例研究有助于对案例学院进行全面分析和详细解剖，也利于深刻揭示现象及其背后的运行机理。

选取清华大学经济管理学院进行单案例研究。清华大学经济管理学院的英文简称为 Tsinghua SEM，为行文方便，将其简称为 SEM。清华大学是公认的国内一流大学、世界高水平大学，在国内各类大学排名中稳居前两名，近年来在世界大学排行榜中排名快速提升，在 2020QS 世界大学排名中高居第 16 位。SEM 于 1984 年成立，是新中国成立以来在大学最早成立的四所经管学院之一，其源流可追溯到 1926 年在清华大学成立的经济学系。SEM 拥有经济学和管理学两大学科门类，下设 7 个系。截至 2019 年 3 月 31 日，学院共有教师 162 人，职员 419 人，在校生 6646 人，校友 119791 人，加入了国际商学院联合会等 10 个国际商学院组织，与哈佛商学院等多个世界顶尖商学院开展深度合作。在 2016 年全国第四轮学科评估中，管理科学与工程、工商管理两个学科被评为 A+，应用经济学被评为 A。管理科学与工程、工商管理、会计与金融、经济学和计量经济学四个学科于 2017 年被确定为国家“双一流”建设学科。虽然建院仅 35 年，但 SEM 已经成为公认的中国和亚洲一流的商学院之一，正在稳步迈向世界一流商学院行列。

文中研究数据和信息来源于三方面。第一，本人求学的哈尔滨工业大学管理学院也是新中国成立后在大学成立的第一批次的四所经管学院之一，与 SEM 一直保持密切交流，使笔者有机会聆听 SEM 院长的讲座和专家学者的讲学，有机会近距离了解并跟踪该学院发展情况并进行必要的面对面访谈交流。第二，SEM 第四任院长钱颖一教授主编的《大学的改革》一书于 2016 年出版，为近距离观察学院的发展历程提供了绝佳窗口。第三，SEM 官方网站等网络平台提供了学院发展进程中的多方面信息，如学院新闻、学术报告、焦点专题、学院出版物、讲座论坛、学院动态、经管社区等，对这些数据信息的梳理和深入解读，有助于开展历时性研究。通过以上多种途径获取案例素材，能够更好地验证观点，保证研究的信度和效度。

8.3 高成长学院的典型特征：战略引领及资源优化整合

8.3.1 战略规划制定：引领学院发展方向

根据战略管理理论，将组织战略界定为组织以未来为发展基点，在综合分析内外部环境和条件的基础上，为寻求和保持竞争优势而做出的有关全局的总体性谋划。一个完整的战略制定阶段包括组织使命、愿景、核心价值观以及战略目标的确定。SEM 在发展过程中，逐步明晰了自身的使命、愿景、核心价值观和战略目标，对学院发展起到了方向引领作用。

使命是指组织存在的意义和根本价值，是组织制定战略的基础，它揭示了一个组织区别于其他组织存在的根本原因。SEM 在发展过程中，充分认识到使命对自身发展的重要价值，根据国情、校情和院情，将其使命凝练为：创造知识、培育领袖、贡献中国、影响世界，这一使命得到了师生员工的高度认同。愿景以组织的使命为起点，是指组织向往实现的未来景象，即组织将来要发展成什么样、将来要成为什么样的组织，反映了组织的志向和抱负。SEM 在 1994 年建院 10 周年之际，将发展愿景清晰地表达为：建成世界一流的经济管理学院，这一愿景简单清晰、激动人心。组织的核心价值观是组织独有的、不可替代的价值观，是全体组织成员应该遵从的行为准则。SEM 在《教师行为准则》中将核心价值观确定为：正直诚实（对己）、敬业尽责（对事）、尊重宽容（对人），这成为教师日常工作的行为准绳。在明晰自身使命、愿景和核心价值观基础上，SEM 一般会制定三年发展战略目标和每年的具体行动计划，这与清华大学二级学院院长的任期是直接对应的。如在 2016—2018 年的三年战略规划中，SEM 提出发展的总体目标是在教学、研究和社会服务等方面达到一流水平（国际认可、国内领先），并进一步将总体目标分解为本科教育、专业硕士教育、经济学研究与博士教育、商学研究与博士教育、国内贡献、全球展望等六个维度的详细规划。

为了更好地制定自身的发展战略，SEM 于 2000 年成立了清华大学经管学院顾问委员会。顾问委员会由海内外知名企业家、商学院院长、知名学者（包括诺贝尔经济学奖获得者）、中国政府及财经部门领导人组成。顾问委员会的使命是加强学院与外部各界的联系，提升学院在科研和教学方面的整体水平，帮助学院建设成为世界一流的经济管理学院。顾问委员会每年召开一次会议，针对 SEM 发展进程中的战略性和方向性问题提出建议。在每年的顾问委员会会议上，SEM 的院长首先汇报最近一年学院的工作进展，主管相关工作的副院长会针对会议主题作专项报告。会议主题围绕“如何建成世界一流的经济管理学院”这一愿景确定，以 2015—2019 年召开的五次会议为例，历年的会议主题分别是：基础设施建设和创意创新创业教育、高管教育的机遇与挑战、教师队伍发展和教师科研、国内拓展和国际拓展以及学院教学创新。委员们针对院长报告和专题报告提出的建议，为更好地制定学院发展战略和具体行动计划提供了方向性支持。

8.3.2　内部资源整合：界定权力责任边界，优化组织结构

优化和整合内外部资源是实现组织战略的关键。SEM 在优化内部资源方面的典型做法是清晰界定学术、行政、监督保障的权力和责任边界，并通过调整组织结构优化内部资源配置。

学院作为实现大学知识传播、知识生产和知识应用的实体，其核心功能的实现主要依赖于教师，因此整合内部资源的关键是界定教师的权力和责任。核心问题是学术问题必须由教师负责，实行教师治学。SEM 在发展过程中逐步确立了教师治学的理念，并进一步明确了教师治学的内容，即维护学术自由和制定学术标准。维护学术自由主要指学术问题的定义和边界的划定，学术标准主要指对研究成果、教师学术水平的鉴定以及对学生培养方案和教学结果的认定[154]。为落实教师治学，SEM 在组织结构层面做出调整，在学院层面成立了由教师组成的学术委员会、学位评定委员会、教师提名委员会、教师薪酬委员会、教师行为准则委员会、科研机构评估委员会以及按照教学项目成立的各类教学委员会，在系层面成立了博士项目教学委员会、资深教师委员会、教师招聘委员会、学术活动委员会等。需要说明的是，为真正确保教师治学，SEM 的院长不担任各类委员会的主任或副主任，从而有效避免行政权力对学术权力的影响。

学院要更好地实现教师治学、保证组织的健康有序运转，需要高效和高质量的行政管理支撑。SEM 的最高行政决策机构是院务会或党政联席会，学院重大行政决策如财务预算和决算、系主任和部门主任的任免、合作协议的签署等，都由院务会讨论决定。院务会的议事规则实行票决制，每人一票，少数服从多数。行政管理者的主体是职业化的职员，主要从市场中以“合同制”方式招聘，衡量职员业绩的标准是管理和服务水平。这些职员工作在教学管理部门、行政管理部门以及研究中心或基地的管

理和服务部门，学院成立了职员人事办公室专门负责职员的人事工作。此外，在系层面上，还成立了执行委员会，由系主任、副主任和党支部书记组成。系主任主要由具有教授职称的教师担任，这样做的好处是由于教授在教师群体中具有一定的资历和地位，有利于发挥自身影响，凝聚力量，保证学校和学院相关政策的贯彻落实。

在学术和行政权力界定的基础上，SEM 界定了学院的第三项权力——监督保障，即监督和保障教师、职员的切身利益，组织机构是成立于学院层面的教职工代表大会和工会分会。SEM 遵循国家和清华大学的相关规定，充分发挥教职工代表大会和工会分会的职能。如在推行人事制度改革过程中，通过各个层面征求教职工意见，还要在教职工代表大会上讨论通过，从而切实保障教职工利益。

8.3.3 外部资源整合：优化网络节点质量，增强节点互动

外部资源的优化整合对组织发展同样至关重要，外部资源能为组织发展带来组织所不具备的信息、知识、资金及其他稀缺资源，从而实现组织的突破性成长。SEM 在发展中充分认识到了外部资源的重要性，不断优化外部网络节点质量、扩大网络规模、提升节点互动频率。

第一类外部网络节点是政府部门。政府与大学的关系是中国任何一所大学发展所面临的最重要外部环境。政府部门主要对大学施加影响进而影响学院发展，因此这种影响一般是间接的。SEM 的教师主要通过积极加入政府部门组织的各类教学指导委员会、学科评议委员会等，发挥重要影响并积极为学院发展创造良好外部条件。SEM 目前是全国管理科学与工程教学、MBA 教育、金融专业学位研究生教育、会计硕士专业学位教育等各类指导委员会秘书处所在地。SEM 共有 7 位“2018—2022 年

教育部高等学校教学指导委员会”委员，包括主任委员 1 人（管理科学与工程类）、副主任委员 3 人（高等学校专业设置、经济类、金融类）、秘书长 1 人（管理科学与工程类）、委员 2 人（工商管理类、会计类）。此外，还有 3 位教师是应用经济学、管理科学与工程、工商管理 3 个学科的国务院学科评议组成员。

第二类外部网络节点是大学。学院设置在大学内，是大学的重要组成部分，大学对学院发展是否支持对其发展具有决定性影响。SEM 将学院与大学的融合作为其核心战略，在现有大学环境约束条件下寻求支持，实现快速发展。主要体现在两个方面：一是在改革发展进程中积极寻求大学的支持。如在 SEM 作为改革试点尝试和探索人事制度改革过程中，将改革的思路和具体做法及时与大学沟通，获得大学的肯定和支持。二是加强交叉学科的互动交流。SEM 在 2010—2012 年共举办“其他学科走进中国商学院”和“管理学走出商学院”系列研讨活动 9 场，加强了清华大学各学科之间的沟通交流，为进一步合作提供了机会和平台。SEM 还联合清华大学 10 多个院系创办了“清华 x-lab”（清华 x-空间），成为国内提升学生创造力的创意创新创业教育的著名品牌和平台。

第三类外部网络节点是学生。SEM 反复强调“大学为学生”“经管学院为学生”的办学理念，始终将学生作为重要的外部利益相关者，并认为学生的利益应该被优先考虑。SEM 拥有全国最好的高中生源，通过对本科、硕士、博士、MBA、EMBA、高管教育等教育项目的持续改革，为学生提供优质教育，这些改革在全国范围内起到了引领和示范作用。为更好地服务学生，SEM 定期举办的一个特色活动是“院长下午茶”，针对本科、硕士、博士、MBA 等教学项目，定期邀请学生代表与学院院长会面，帮助学生了解学院发展情况，听取、研讨和解决学生成长过程中面临的问题，目前已经累计举办此类活动超过 100 场，成为学院与学生沟通交流的重要平台。

第四类外部网络节点是国内外各类行业专业协会、学术组织。SEM 积极与国内外一流专业委员会、学术组织开展合作，实现共同成长。SEM 先后加入了国际商学院联合会（AACSB）、欧洲管理发展基金会（EFMD）等 10 个国际协会。它还与世界一流商学院开展深度合作，如与麻省理工学院斯隆管理学院合办清华 MBA-MIT 管理学硕士双学位项目，与芝加哥大学贝克尔-弗里德曼经济研究所共建“清华大学-芝加哥大学经济与金融联合研究中心”等，这些合作表明世界一流商学院对 SEM 的高度认可。SEM 每年都邀请国内外一流学者来学院交流访学，仅 2018 年就邀请 152 位，其中邀请中国大陆以外国家和地区学者 126 人、大陆地区学者 26 人。它还高度重视与国内外一流商学院交流办学经验，如与哈佛商学院、中欧国际工商学院等交流研讨，学习先进的管理模式和管理经验。定期与北京大学光华管理学院、复旦大学管理学院、上海交通大学安泰经济与管理学院组织院长交流会，共同探讨办学经验。

第五类外部网络节点是校友。校友是学院的宝贵财富，也是学院发展的重要参与者。在过去 35 年中，SEM 的校友规模超过了 11 万人，成为学院跻身世界一流经管学院进程中不可或缺的重要支撑力量。SEM 相继成立了本科校友会、硕士校友会、博士校友会、MBA 校友会、EMBA 校友会和高管教育校友会。通过建设校友专享的网络平台、完善校友数据库等为校友提供全方位的信息服务。学院每年还筹办校庆日校友重聚、区域性校友日师生论坛等大型活动，为校友提供获取新知、拓展社会资源、共建合作渠道、互助职业发展机会。为更好地发挥校友在学院发展中的作用，2013 年成立了 SEM 发展委员会，成员主要来自为学院发展特别是基础设施建设做出贡献并愿意积极出谋划策的校友。SEM还推出了校友指导本科生计划，让优秀校友更多地参与到对学生的培养过程中。

第六类外部网络节点是顾问委员会。如前所述，每年组织一次的顾问委员会会议，对SEM战略规划和发展方向提供了重要的决策支持。同时，SEM还充分发挥顾问委员的重要作用，2008年开始组织顾问委员会委员走进清华课堂系列活动，已经累计有62人次的顾问委员走进SEM课堂为学生作报告并与学生深入交流，对学生的成长、成才产生了重要影响。2007年开始，SEM每年组织一次主要由顾问委员会委员参加的"清华全球管理论坛"，作为SEM与全球各界精英交流研讨的重要平台，这一品牌已成为全球知名的管理论坛，发挥了越来越重要的影响。

8.4 高成长学院的治理机制：领导力、制度与文化

对SEM发展历程的详细分析表明，SEM通过战略引领并在此基础上整合内外部优质资源，不断提升其知识传播、知识生产和知识应用能力，从而实现了学院的高成长。而能够有效制定战略和整合内外部资源背后的关键治理机制是强有力的领导力、完善的现代大学制度以及追求卓越的文化。

8.4.1 强有力的领导力

由于全球化、新技术的挑战以及学科本身的发展，大学内外部环境正在发生变化，应对这种变化就必须变革，推动变革则需要强有力的领导力[155]。SEM在35年的发展历程中，先后经历了5任院长，院长群体强有力的领导力成为助推学院高成长的关键要素，这种领导力主要表

现为四个方面。

一是拥有先进办学理念。先进办学理念来源于领导者的国际视野和对中国国情的深刻理解。思想取决于眼光，而办学需要三种眼光：长远眼光、世界眼光和现代眼光[156]。SEM历任院长在学院治理进程中形成了先进的办学理念。朱镕基院长在1994年提出“办成世界第一流经管学院”以及先后提出“为人比为学更重要”“办好学院核心问题是师资”等办学目标和理念，赵纯均院长在20世纪90年代初提出“大管理、小经济”学科专业调整思路，钱颖一院长提出“思考比知识更重要”“综合性大学要发挥融合与会通优势”等，正是这些先进办学理念引领了SEM的高成长。

二是具备创新精神。学院成长是一个动态过程，要保持竞争优势就要持续创新，创新精神成为优秀学院领导的本质特征。SEM发展历程也是一个改革创新过程，如赵纯均担任院长期间在国内率先推行MBA教育、对学院教师开展国际化培训、组建顾问委员会等，钱颖一担任院长期间推行教师人事制度、学院治理现代化、学院信息战略等方面的改革，这些变革不仅是本学院发展的重要探索，同时也引领了中国大学商学院的发展方向。

三是奉献精神。做一流的院长和做一流的学者一样，都需要全身心投入[156]。任何一个人的精力都是有限的，而为了将办好学院、办一流学院作为一项事业去做，SEM历任院长可谓倾尽心力，甚至为此甘愿牺牲自己本已有限的研究时间。他们在院长岗位退下来后，仍然作为顾问委员会委员继续为学院发展建言献策，密切关注学院未来的发展。

四是执行力。先进办学理念是做正确的事，而执行是正确地做事。

学院发展不仅要有先进的办学理念，还要有切实可行的措施，SEM院长会坚持将认准的办学理念转化为推动学院发展的具体办法。正如赵纯均院长所说："只要认为是对的事情，就要坚持下去，别人说破天，也不能轻易改变。"[157]而将理念落实的关键是在现实内外部各种约束条件下想办法绕过约束或改变约束，绕过约束就要想出聪明办法，改变约束则要强化沟通[156]。因此，只有具有坚定的决心和魄力才能真正做好一份事业。

8.4.2 不断完善的现代大学制度

大学制度是大学核心竞争力的一个重要影响因素，大学治理体系和治理能力建设的核心是现代大学制度建设。大学制度是大学运行的基本规则，一般分为两个层次：政府和大学的关系以及大学内部关系。学院运行中一般不与政府发生直接关系，但因其是构成大学制度其中一个层面的要素，故依然是学院发展最重要的外部制度，会在一定程度上影响学院发展，而学院内部制度对其自身发展则无疑更具影响力。SEM充分认识到了健全制度的重要作用，在实践进程中不断修正和完善学院内部制度体系。2013年9月，SEM院务会通过了《关于建设现代大学制度基础上的学院治理的决定》，提出建设世界一流经管学院的关键是制定一系列符合现代大学制度要求的规章制度并不断完善。为便于学院教职工查阅、遵守、监督和执行相关制度，SEM汇总整理了一系列制度汇编，包括《学院内部治理组织制度汇编》《学院外部治理组织制度汇编》《教师手册》《职员手册》和《学院内部运营规章制度》，每学年更新一次。这些制度汇编是SEM发展进程中各方面工作的改革成果，如《教师手册》中收录了关于人才引进、教师年薪制、长聘和专业职务晋升、特聘教授制度、课程教学安排、公共服务管理规定、教师行为准则等方面的制度文件。这些正式制度保证了学院能够更好地整合内外部优质资源，如人才引进的规定废除了博士毕业后直接留校的陈规，强化了公平评价并进一步提升了师资质量，年薪制保证了教师薪金的竞争力，长聘制度保证了教师队伍的高水准和必要的流动性，特聘教授制度有利于更好地发挥海外一流学者作用，公共服务管理规定激励教师为学院发展承担必要的公共服务责任等。不断完善的现代大学制度为学院的持续高成长提供了必要的制度保障。

8.4.3 追求卓越的文化

文化是一种理念、信仰和行为规范，是非正式制度，但与正式制度同等重要。一个学院如果没有良好的文化，正式制度很难落实和发挥实质作用。SEM 在发展过程中逐步形成了“追求卓越”的学院文化，这种文化主要体现为对优良办学传统的传承创新、对使命和愿景的理解践行以及对学术地位的巩固提升三个方面。SEM 虽然建院仅 35 年，但其渊源向上可追溯到 1926 年清华大学建立的经济学系。饮水思源，SEM 从过往历程中不断汲取精神和力量。如学院大楼内摆放陈岱孙先生铜像(经济学系第二任系主任，任期为 1928—1952 年)，举办“陈岱孙经济学纪念讲座”，组织经济学系建系 90 周年系列活动，主编出版《老清华的社会科学》等，传承老清华社会科学的办学传统。建院 30 周年组织“师恩难忘”系列座谈会回顾 7 位退休教师对学院发展的贡献，建院 35 周年发起“师恩难忘系列奖学金”纪念已故教师并延续其追求卓越精神。通过潜移默化的环境塑造、传承前辈学术精神以及不断总结办学经验等举措，助力学院持续前行。前已有述，SEM 瞄准世界一流商学院，学习先进办学经验，在对国情、校情和院情深刻理解分析基础上，提出明晰的使命和愿景。使命和愿景无疑是"追求卓越"学院文化的充分体现,为全体教职员工指引了方向,并促使其将之落实于日常工作中。涓滴成流,聚沙成塔,日积月累中学院文化环境得以进一步加强和提升。不仅如此,SEM始终重视自身学术地位,视之为学院发展的根基,通过精心打造一流平台,在学院内部营造崇尚学术的良好氛围。在经济学研究领域组织"清华中国经济高层讲坛""清华金融高端讲坛""中国经济50人论坛长安讲坛"等,在管理学研究领域组织"中国企业管理最佳实践讲坛""清华管理全球论坛""清华企业家讲堂"等,邀请国内外顶尖专家学者定期来学院开展交流研讨。这些平台有利于师生开拓学术视野、开展交流合作、产出一流成果,其研究能力得到国内外同行的充分肯定,SEM的学术地位得以巩固并持续提升。SEM"追求卓越"的学院文化在继承中不断发展,为学院高成长注入了强大动力。

8.5 研究结论

通过以上对SEM发展历程的分析,我们将其高成长机理进一步总结为"战略—资源—能力—绩效"模型(如图8-1所示)。SEM的发展历程表明,要实现学院的高成长,学院要依据内外部环境制定适宜的战略,通过整合内外部资源不断提升知识传播、知识生产和知识应用能力,从而实现学院的高成长,而领导力、制度和文化等治理机制则对战略的制定、内外部资源的整合产生重要影响。

学院要实现高成长,就要依据内外部环境的变化,明确使命、愿景、核心价值观,并在此基础上制定战略目标和具体的行动计划,而战略目标的实现需要整合内外部优质资源。内部资源优化整合的关键是界定学术、行政、监督的权力边界并在此基础上通过优化组织结构保证这些权力的有效落实。外部资源整合的关键是不断优化外部网络节点，增强互动关系，从而获取学院发展的稀缺资源。通过战略引领以及内外部资源整合，有效地推动知识传播、知识生产和知识应用能力，进而实现学院高成长。

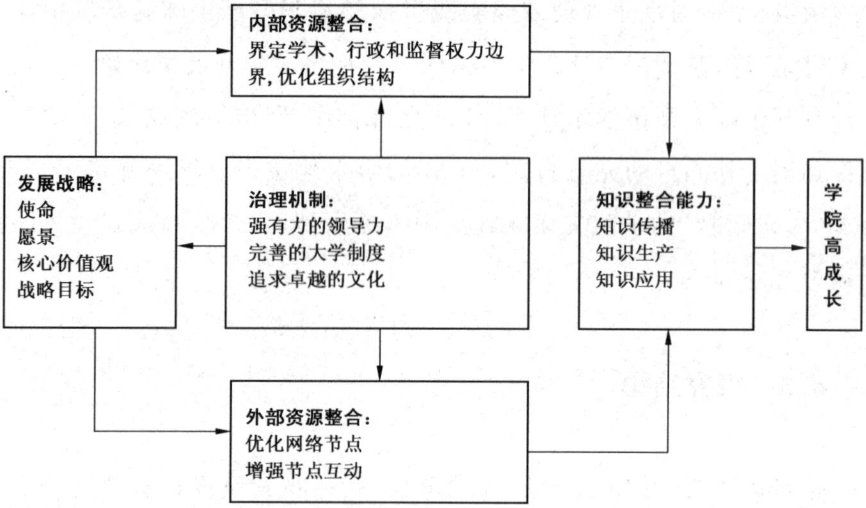

图 8-1 学院高成长机理模型图

有效的战略制定和内外部资源整合需要学院内部良好治理机制支撑，这种治理机制表现为强有力的领导力、完善的现代大学制度以及追求卓越的文化。强有力的领导力要求学院的掌舵人需要具备先进的办学理念、创新精神、奉献精神和执行力。正式制度和非正式制度为学院发展提供了制度保障，要建设世界一流学院就要建立现代大学制度，而追求卓越的文化作为非正式制度是学院制度的重要组成部分，正式制度与文化共同促进为学院高成长提供了同方向的合力支撑。

基于多理论视角对 SEM 的高成长进行精致单案例研究，为“双一流”背景下学院如何实现高成长提供了理论支持和决策参考。在未来的研究中还需要对影响学院高成长的战略规划的特点、内外部资源整合的方式、正式与非正式制度的互动等内容展开深入研讨，从而得到更有深度的一般性结论。

第 9 章　一流学科的生成与治理
——多案例研究

随着“双一流工程”的实施，如何建设世界一流大学和一流学科成为理论界和实践界关注的热点问题。在明确一流学科内涵和标准的基础上，本章对国内外多个一流学科的案例进行了深入剖析，研究表明，一流学科的演进特征表现为：适应性战略引领学科发展、内部资源整合促进学科内生性成长、外部资源整合助力学科突破性成长三个方面，一流学科内外部知识网络在发展中协同演进，其演化趋势从点对点到点对面，再到网对网。

9.1　引言

2015 年 11 月 5 日，中国政府发布了《统筹推进世界一流大学和一流学科建设总体方案》，这是中国在施行“211 工程”“985 工程”“2011 协同创新”后的又一重大战略举措。中国高校如何建设世界一流大学和世界一流学科持续成为理论和实践领域的热点问题。没有一流的学科，不可能建成一流的大学[138]。因此，要建设世界一流大学，最终还是要落实到如何建设世界一流水平学科这一核心问题。

既有研究从学科内涵、学科建设、学科组织、学科制度、学科评价及学科核心能力等角度对学科问题进行了研究。总体上看,大多数研究缺乏理论视角,导致研究深度不够。另外,对这一重要领域进行持续跟踪的研究成果较少,导致对相关问题的系统性研究成果不足。虽然有学者基于知识网络的视角对一流学科的生成机理问题进行了探讨,认为一流学科的生成本质是学科围绕知识活动所形成的知识网络过程[158],但更进一步的研究成果还很少。基于以上研究基础,本研究在对一流学科内涵进行界定的基础上,从复杂适应性系统、组织生命周期、社会网络等理论视角,对多个一流学科进行了比较案例研究,总结了一流学科在演进过程中表现出的阶段性特征,进而提出了一流学科的生成机理模型及内外部知识网络协同演化机理模型。

9.2 研究方法

9.2.1 案例研究方法选择

近年来,案例研究作为社会科学的主要研究方法之一,逐渐得到国内学者的重视。中国管理学界发表的案例研究文章正在逐年增加,中国人民大学和《管理世界》杂志已经成功举办了多届"中国企业管理案例论坛"。如果研究者直面的是要回答"怎么回事"和"为什么"等问题,案例研究方法是首选的研究策略[159]。案例研究有助于深入分析现象背后的本质问题和探寻现象背后的规律性[160]。教育管理研究领域的前沿和热点问题具有"情境独立性"特点,要上升到一般性层面进行理论解释,就需要对案例进行深入剖析。由于所要研究问题的特点及案例研究方法的独特优势,本研究选择案例研究方法深入探讨一流学科的演进特征及网络协同演化机理。

案例研究分为单案例研究和多案例研究。单案例研究能够对单个案例进行历时性分析，对单个案例解剖更详细，可以用于确认或挑战某个理论。多案例研究又被称为比较案例研究，是在单案例研究的基础上，进行更加精确的描述和更有力的解释，它可以使得出的结论更加全面和具有说服力。因为多个案例同时指向同一结论，使所得结论更加可信。因此，本研究选取多案例的比较研究作为基本的研究方法。

9.2.2 典型案例选取

要研究一流学科，首先要对一流学科进行界定。本研究依据国内外大学、学科评估结果及排行榜，首先将一流学科界定为 ESI 全球排名前 1%，根据中国的实际情况，中国的案例选择要同时满足在国家教育部组织的评估中排名前 5 名。

依据以上案例选择标准和策略，本研究选取了麻省理工学院和斯坦福大学的部分工科学科、英国剑桥大学卡文迪什实验室、哈尔滨工业大学土木工程学科（以下简称 H 大学 X 学科）、哈尔滨工业大学计算机科学与技术学科（以下简称 H 大学 C 学科）、西安交通大学机械工程学科（以下简称 X 大学 M 学科）等作为典型案例进行多案例比较研究。

9.2.3 数据来源

本研究通过以下方式获取案例学科的数据信息。第一，研读关于斯坦福大学、麻省理工学院、哈尔滨工业大学、西安交通大学的学校历史和学术著作，尤其是对已经出版的案例学科发展史的资料进行深入分析，了解学科的发展历程、关键性事件和代表性人物、已经取得的成果、近期的活动等。第二，设计访谈提纲，并选取案例学科中 30 名代表人物进行访谈,详细了解推动学科发展的关键要素、学科当前着力解决的问题及未来的长远规划。第三,系统梳理案例学科网站及其他网站对案例学科的报道,详细了解案例学科的组织架构、平台、规章制度、取得的成果等方面的信息,并进行归类整理分析。通过以上多种方式获取案例学科的研究素材,能够更好地实现案例研究的"三角互证",保证本研究结论的信度。

9.3 一流学科演进的典型特征分析

9.3.1 适应性战略引领学科发展

建设世界一流学科是每个学科追求的目标,然而一流学科的生成不是偶然的,一定要有能力和资源等方面的保障才能实现学科的持续发展。而学科战略对学科发展无疑具有重要的方向引领作用,对于学科的成长具有至关重要的作用。学科发展战略是从学科的全局出发来把握学科的发展,是学科为谋求自身的最优发展而制订的指导思想、发展方针和目标[161]。

对案例学科的分析表明,根据环境的变化,制定与之相适应的发展战略,并通过有效措施整合内外部资源促成战略目标的实现,是一流学科的普遍做法。一流学科能够充分利用环境的变化,采取适应性的发展战略,引领学科发展。如果环境对自身发展有利,学科就准确把握发展机遇期,实现快速发展甚至跨越式发展。如果环境对自身发展不利,学科也能够适时调整发展战略,将不利影响降到最低程度。在总体上,学科发展呈现出间断均衡的阶段性特征。

如美国斯坦福大学将美国联邦政府在二战后支持科学研究视为一个重要的发展机遇,为了获取促进自身发展的稳定联邦政府资助,斯坦福大学的管理者提出了"卓越的尖塔"这一全新的概念,他们热衷于促成学科发展的“高峰”和“低谷”，即将大学资源集中于某一个或若干个领域，如电子工程等学科，而与国家利益没什么直接关系的、几乎得不到外部赞助的领域则被有意地忽视，将优势资源集中于少数学科的“卓越的尖塔”计划，使斯坦福大学的许多学科迅速成长为世界一流学科[162]，也使得这所在二战前默默无闻的大学迅速成长为世界一流大学。美国麻省理工学院在建校之初，其创立者罗杰斯就将其定位为“以科学为基础的技术融入企业的学校”[163]。虽然外界环境多次发生变化，麻省理工学院的生存也一度面临严峻挑战，但其在发展过程中，坚守了创立者的办学思路和发展战略[164]。在正确战略的指引下，麻省理工学院打造了众多世界一流学科，并催生了诸多一流的成果，比如，青霉素的首次化学合成、阿波罗空间计划惯性导航系统、高速摄影、微波雷达、磁芯存储器、生物医学假肢器官等[165]。英国剑桥大学卡文迪什实验室在其长期发展过程中，成为“世界物理学家圣地”的一个重要原因，就是实验室基于自身优势，始终能将自身发展方向准确地定位于国际科学发展的最前沿领域，从而在相关领域持续取得了世界级的研究成果。H 大学 C 学科，在初创期通过自身力量建立了国内第一个计算机学科，在恢复发展期坚持国际化发展战略，在改革创新期提出了“1234”奋斗目标，在逐步成熟期则提出要打造中国的 CMU（美国卡内基梅隆大学），正是这样一系列适应性战略的引导，促使其快速发展，在全国的排名稳居前 5 名。

以上分析表明，一流学科生成的关键是学科能够在每个发展阶段，根据环境变化采取适应性的发展战略，通过顶层设计，调整学科方向，采取有效措施整合内外部资源，从而保证战略目标的实现，一流学科战略制定与实施流程，见图 9-1 所示。

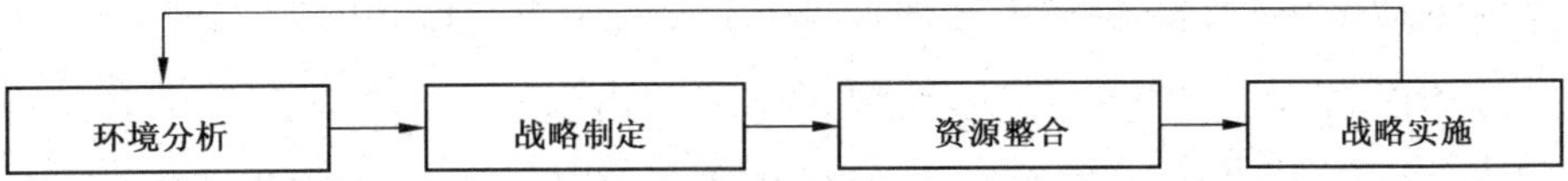

图 9-1　一流学科的战略制定与实施流程图

通过调研访谈我们发现，一流学科都将关注点聚焦于“学术前沿问题和经济社会发展的重大现实问题”，既重视基础研究又重视应用研究，通过有效机制促进基础研究成果产业化，并从应用研究中提炼重要理论问题，实现两者之间的良性互动。如 H 大学 X 学科经过充分研讨，明确自身发展定位，将自身优质资源优化整合于基础理论研究、应用理论研究和产业化关键技术研究三个方向，在这三个方向上打造国家和省部级等多个高水平科研平台，并强化三个方向的有效互动，为学科保持优势提供了充足的动力，该学科目前已经位列全国第 2 位，如图 9-2 所示。

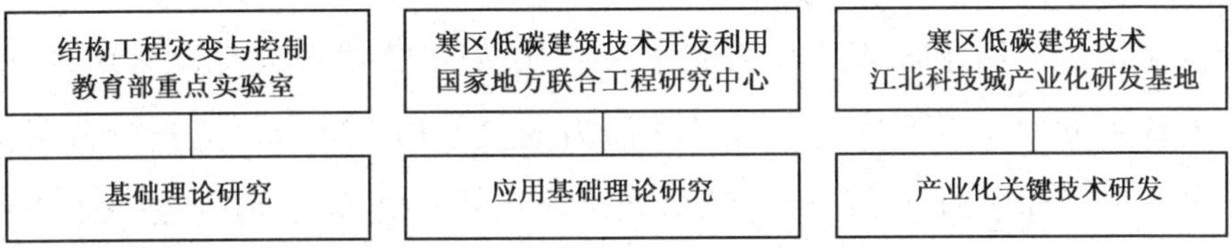

图 9-2　H 大学 X 学科科研平台

9.3.2　内部资源整合促进学科内生性成长

发展战略为学科指明了未来前进的方向，而构建内外部知识网络整合内外部知识资源则是落实发展战略的有效手段。学科发展最重要的影响因素是有效整合内部资源，一流学科的普遍做法是通过构建内部知识网络，整合内部知识资源实现学科的内生性成长。在学科内部，知识网络节点包括个体、群体和团队三种类型，这些正式和非正式的知识网络节点内部和网络节点之间的互动，构成了学科的内部知识网络。

在这些不同的网络节点中，个体作为内部的一个重要网络节点，其能力属性往往决定了整个学科的核心能力和水平。一流学科一定汇聚了一流的学者，一流学者是学科内部知识网络中最重要的网络节点。被誉为“世界物理学家圣地”的英国剑桥大学卡文迪什实验室，其发展离不开麦克斯韦、汤姆森、卢瑟福等一批成就卓著的实验室主任的卓越才能和引领能力，这些实验室主任不但自己作出了重要的学术贡献，而且还引领学科研究方向经历了四次根本性的转变以及无数次的微调，使实验室始终处于科学研究的制高点[166]。通过访谈，我们了解到，H 大学 X 学科、X 大学 M 学科之所以迅速发展并保持优势地位，学科带头人队伍发挥了至关重要的引领作用。这些学科带头人的共同特点是具备扎实的理论知识和宽广的国际视野，这些优秀品质有效保证了学科的研究始终处于国际学术前沿和面向经济社会的重大需求，一流的掌舵人引领学科与国内同类学科相比始终居于优势地位。除学科带头人重要的方向引领作用外，学科内部一流的学者群体是学科核心能力的关键构成要素。一流学科都汇聚了一流的学者群体，而一流的学者又吸引来一流的学生。在一流学科内部往往会形成围绕一流学者组建的一流科研团队，这些团队又会产生一流的学术成果。这方面的典型例证是斯坦福大学。为承担国家重大项目，获取持续资助，斯坦福大学整合了电子工程学科和物理学科两个学科，组建微波实验室，使用政府资助聘请一流的物理学家，使得高能物理学学科等一批学科迅速成为世界一流学科。

学科内部创造的良好环境，也促进了学科内部知识网络的形成，使得内部网络节点可以方便、自由地共享知识，促进知识的创新。如英国卡文迪什实验室通过举办茶时漫谈会、物理学会、元旦聚餐会、晚餐谈心、卡皮查俱乐部学术讨论会等活动，在实验室内营造了宽容和合作的良好氛围，许多重要的学术思想和观念如“质子”等等都是在这些非正式活动的讨论中产生的。每年年底举办的 H 大学 C 学科发展战略研讨会上，学科内 40 岁以下具有博士学位的副教授、讲师都要参加青年教师学术沙龙活动。每位教师要对个人研究计划（研究方向及项目、成果、论文的规划）、个人教学计划（承担的本科生课程、研究生课程及各层次人才培养）、个人成长计划（出国进修、国际合作伙伴、新世纪人才及杰出青年等）以及对所在系（所）的贡献等方面内容进行介绍，然后学科会对这些计划的可行性进行研讨。青年教师学术沙龙既是青年教师展示自我的平台，又能使每名教师在知识的交流共享中提升自己。此外，H 大学 C 学科还定期举办各种讲座、论坛、社会实践活动，这些活动对于知识在学科内部的快速交流、共享起到了良好的推动作用。如定期举办“光熙论坛”（学科内博士生作学术前沿报告）、“牛人经验谈”（学科内知名教授、博士生就发表文章、从事科研工作等做经验交流）、“名师小班行”（知名教授走进班级与学生座谈交流）等。

9.3.3 外部资源整合助力学科突破性成长

虽然通过构建内部知识网络，学科可以充分整合内部资源，甚至能够充分利用未利用的资源，但是由于学科自身边界和组织规模的限制，学科发展仍然需要其他资源的有效支撑。这些资源需要通过构建外部知识网络从学科外部获取，在资源共享的同时，学科与外部网络节点共同发展，实现了自身的突破性成长。此时，学科内部的个体、群体、学科都可以作为一个整体成为网络中的一个重要节点，通过与学科外部网络节点构建外部知识网络，有效整合外部知识资源，共同创造和分享网络价值收益。

一流学科的典型做法是通过与外部网络节点的合作实现知识的共享和人员的流动、交流和合作，从而不断提升自身的核心能力。如麻省理工学院通过组建交叉学科研究中心，解决单一学科知识缺口问题，从而在不同学科的知识交流共享中实现了创新性研究成果的不断涌现。H 大学 G 团队将其研究方向确定为“高超声速推进”，该方向为国家战略急需领域。通过有效整合 H 大学不同学院、不同系（所）相同研究方向的优势知识资源，实现了知识的共享和整合，在短时间内实现了自身的飞速发展。如图 9-3 所示，从该团队组建的内外部知识网络节点分析，该团队包含了能源科学与工程学院、理学中心、深圳研究生院以及材料学院等 4 个学院（中心），能源科学与工程学院中的推进所、流体所、燃烧所、热物理所等 4 个研究所参与其中，可见该团队有效地整合了学院内部和大学内部各个优质知识网络节点，使得该团队核心能力迅速提升，已经位居全国高校的第 2 位。

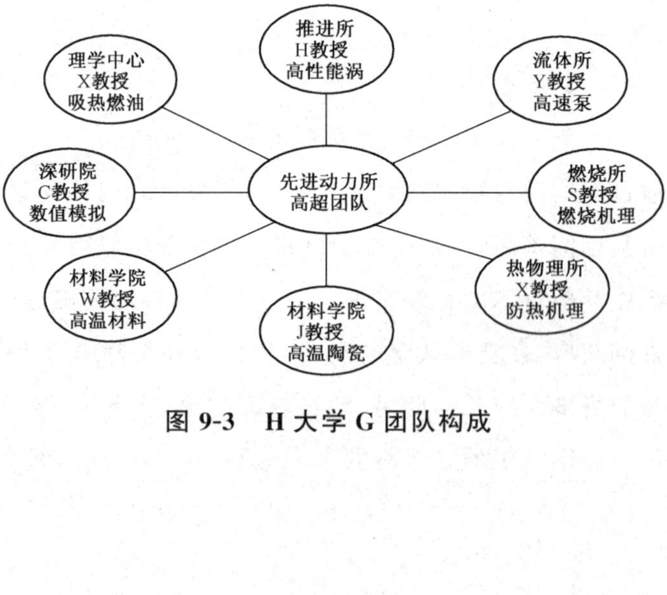

图 9-3　H 大学 G 团队构成

X 大学 M 学科将与外部知识网络节点的互动作为提升自身核心能力的重要举措，仅在 X 大学“双甲子校庆”期间，学科就与意大利都灵理工大学、法国特鲁瓦大学、美国密歇根大学迪尔本分校签署了合作交流协议，并举办了航空航天制造技术研讨会、中国制造 2025-智能制造高端论坛，邀请 GE 航空发动机集团资深高级工程师、美国 NSF 奖获得者作专题报告等活动，学科外部网络规模不断扩大，同时与外部优质网络节点的关系强度不断增强。由 X 大学 M 学科牵头，联合 3 所高校（浙江大学、华中科技大学和大连理工大学）、7 家国内骨干企业（昆明机床、沈阳机床、秦川机床、大连机床、洛阳轴研科技、华中数控和北京工研精机）组成的“高端制造装备协同创新中心”，于 2014 年获得教育部审批，成为“2011 协同创新中心”，成为学科发展进程中产学研合作的一个良好平台，已经取得了良好成效。

9.4 一流学科的网络协同演化机理

9.4.1 一流学科的生成机理

以上分析表明，一流学科的典型做法是随着内外部环境的变化，适时调整发展战略，采取相适应的策略，积极构建内外部知识网络，有效整合内外部知识资源，实现自身的良性发展。而内外部知识网络的有效运转和价值实现，则有赖于其建立的网络治理机制，包括信任机制、文化机制和学习机制等。知识网络的构建和有效运转，不断提升学科的知识传播、知识生产和知识应用能力，促进了一流学科的生成。一流学科的生成机理模型，如图 9-4 所示。

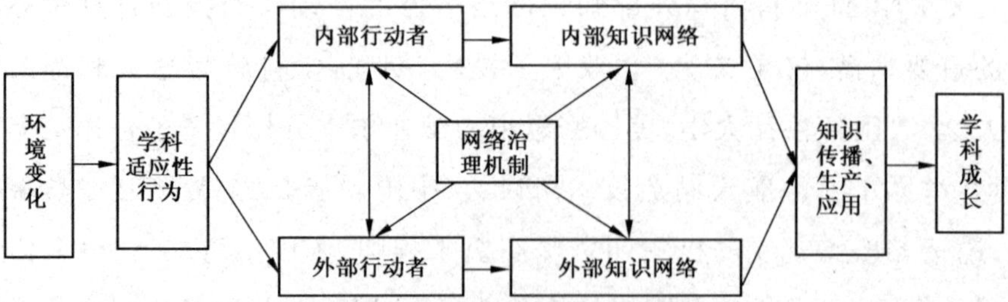

图 9-4 一流学科生成机理模型

9.4.2 一流学科的网络协同机理

通过内外部知识网络的构建,学科内外部知识共享和创新体系得以建立。从学科内部角度分析,内部知识网络有利于调整组织结构、打造创新平台、重构组织流程。从学科外部角度分析,构建外部知识网络,有利于学科与合作伙伴发展战略的相互匹配,实现互利共赢。学科内外部知识网络相互影响、耦合互动,形成了复杂适应性系统,学科内外部知识网络协同机理见图 9-5 所示。

通过构建内外部知识网络,学科内外部知识交流、共享更加便利,学科内外部网络节点在相互学习中增加了学科知识库存储知识的数量和质量,这又进一步增强了学科的知识能力。随着学科知识能力的提升,学科内外部网络节点之间学习的意愿更加强烈,促进更多元化的内外部知识网络的形成。学科内外部知识网络的互动协同,有利于更好地整合学科内外部知识资源,从而提升学科的知识能力。学科知识网络的涌现特征表现为,它是学科内外部主体对外部环境的适应性反应,是随机产生的结果,由于这些结果而形成的新规则非线性地作用于系统内部,使系统远离原来的稳定状态而达到一个新涌现的稳定状态。

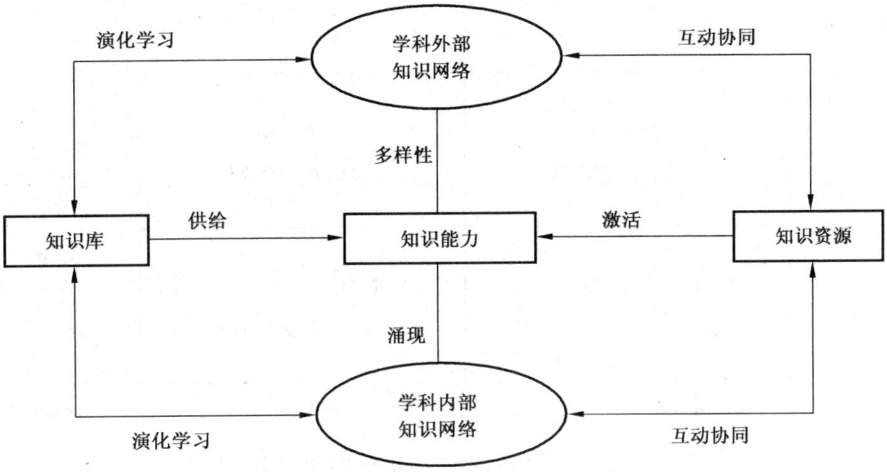

图 9-5　学科内外部知识网络协同机理

9.4.3　一流学科的网络演化机理

随着学科持续整合内外部知识资源实现快速发展,学科内外部知识网络也在不断演化,其演化方向可以引入开放度和参与度两个维度进行分析,如图 9-6 所示。

横轴代表学科的参与度,学科参与度从系(所)内部行动者的互动向系(所)内部和系(所)间行动者互动转变。纵轴代表开放度,当学科的参与度是系(所)内部行动者互动阶段时,随着开放度的增加,系(所)通过合作研究和知识成果转化等形式实现与外界的互动合作。当学科的参与度达到学科内部互动阶段时,随着开放度的增加,学科会通过战略联盟和全面合作等形式,实现学科内外部网络节点的互动。学科知识网络演化的总体趋势是,随着参与度和开放度的不断提升,学科由系(所)内部行动者互动向学科与外部网络节点的全面互动演化,其演化趋势是从点对点到点对面,再到网对网。

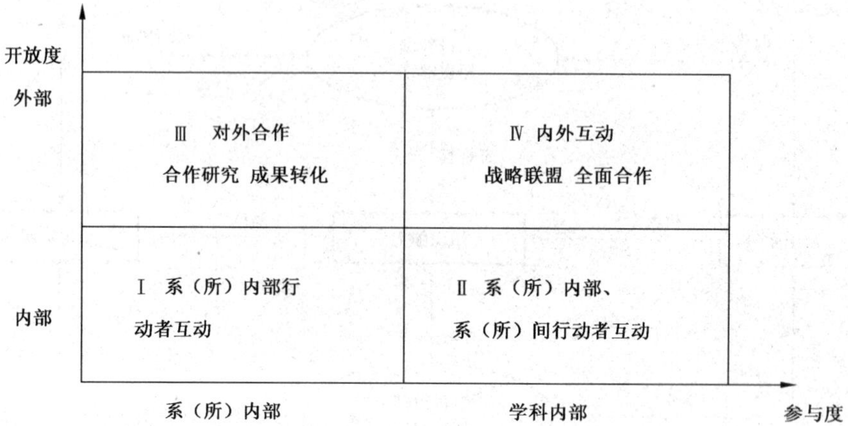

图 9-6 一流学科知识网络演化结构图

9.5 研究结论

随着中国“双一流工程”战略的确定和具体实施，如何建设世界一流大学和世界一流学科成为一个迫切需要解决的理论和现实问题。要建设世界一流大学，其核心是建设世界一流学科。本研究基于多案例的研究得出如下结论。

第一，一流学科更加重视战略的引领作用，一流学科往往是那些能够依据内外部环境的变化，而采取适应性的战略，并在发展过程中坚持战略导向性的学科，我们可以将这样的学科称为“战略性学科”，学科战略关注点往往聚焦于“学术前沿问题和经济社会发展的重大现实问题”。

第二，一流学科通过增进个体、群体和学科等学科内部知识主体之间的互动，构建内部知识网络，实现知识资源的交流和共享。其中，学科带头人和一流学者是最重要的学科内部知识主体，前者一般对学科发展方向发挥引领作用，后者往往通过构建一流团队产生一流成果。通过正式和非正式制度而营造的良好内部环境，能够对学科内部知识网络节点之间的互动交流以及知识主体能力的提升发挥重要的作用。

第三，一流学科还能通过有效措施加强与其他一流学科、研究机构、企业等外部知识主体的互动，解决自身知识缺口问题。学科外部网络节点的质量、信任程度、关系强度、网络规模等，都一定程度上影响学科外部知识网络作用的发挥。

第四，在一流学科生成过程中，信任机制、文化机制、学习机制等网络治理机制有效保证了内外部知识网络的有效运转，通过演化学习、互动协同等方式学科内外部网络协同演进，演进的方向是从系所内部的点对点，向学科与外部网络节点的面对面的全面互动方向演进。

今后的研究中，需要持续关注国内外世界一流学科的发展动态，尤其是选取若干典型案例学科进行跟踪研究，不断修正本研究提出的相关模型和研究结论。本研究提出了信任机制、文化机制和学习机制是保证网络有效运转的重要网络治理机制，但没有进行深入的探讨，下一步的研究中应将治理机制作为研究重点，探讨什么样的治理机制能够更有效地催生一流学科这一重要问题。

第 10 章　一流学科的生成与治理
——单案例研究

随着“双一流工程”的实施，一流学科的演进特征与生成机理成为研究的热点问题。本章选取 H 大学 C 学科进行探索性研究，引入组织生命周期等理论探讨其发展演进历程，引入人力资本理论和知识管理理论等多种理论探究演进特征并将其总结为：依据外部环境变化采取适宜战略引领学科成长、构建知识网络整合内外部知识资源助力学科成长、优化机制有效治理知识网络保障学科成长，最后提出了基于“环境—战略—要素—结构—能力—绩效”的一流学科生成机理模型。

10.1　引言

20 世纪 90 年代以来，中国先后启动了“211 工程”“985 工程”“2011 计划”以及“双一流工程”，将加速推进世界一流大学和一流学科建设提升为国家战略。为回应国家的一系列战略部署，在实践领域，许多国内著名大学如北京大学、清华大学等纷纷提出了建设世界一流大学和一流学科的发展规划、时间表和具体举措。在理论界，学者们从不同视角对一流大学和一流学科建设问题进行了探讨，得出了有价值的结论，形成了一定的共识，如：要建设世界一流大学，首先要建设世界一流学科。没有一流的学科，不可能建成一流的大学[138]。学科是大学的细胞，世界一流学科是建设世界一流大学的基础[2]。大学内部治理体系现代化要求在大学内部治理过程中必须发挥其细胞——“学科组织”的基本作用[167]。由此可见，深入探究一流学科的生成机理已经成为这一研究领域的核心问题之一。

通过对文献梳理发现，目前直接针对学科生成机理的文献还很少，学者们主要从学科建设、学科组织、学科制度和学科核心能力等角度探究了这一问题。深入分析已有研究成果，仍然存在三方面不足。第一，核心概念尚未形成共识。虽然目前对学科与一流学科的界定有较多探讨，但什么是学科，什么是一流学科，这些基本问题尚未形成共识。说明关于学科的本源性质，即大学学科的本质问题尚未厘清。第二，研究成果理论深度不够。已有研究大多从经验的借鉴总结出发，由于缺乏理论视角以及系统性的分析框架，导致这一领域的研究成果理论深度不够，持续性和跟踪性的研究成果更不多见。第三，实证研究成果不足。已有研究大多是经验总结或理论上的逻辑推理，运用相关数据的实证探究相对较少，难以有效解释一流学科生成与治理的深层次动因与机理。

基于以上研究不足，本研究选取 H 大学 C 学科开展探索性单案例研究，引入组织生命周期理论探讨其发展演进历程，引入人力资本理论、知识管理理论、复杂适应性系统等理论探究其演进特征和生成机理，从而得出有价值的一般性结论并为未来研究提供研究思路。

10.2 研究方法与案例学科

10.2.1 核心概念与研究方法

知识已经成为组织核心能力的关键资源，学科作为一个典型的以知识传播和创新为目的知识型组织，不断提升其知识能力是发展面临的永恒课题。循此思路，本研究将学科界定为大学为实现其教学、科研和社会服务的职能，围绕知识传播、知识生产、知识应用而建立起来的大学学术组织，其本质是学科围绕知识传播、知识生产、知识应用所形成的特定的连结机制[167]。作为知识型组织的学科要实现一流，就要有效整合其内外部知识资源，不断提升其知识整合能力，进而促进一流学科生成。所谓学科知识整合能力是指对学科组织内部和外部的知识进行有效的识别和利用，促进学科不同主体维度上知识的互动并产生新知识的能力。依据世界上通行的大学及学科相关指标并结合中国学科评估的实际情况，将一流学科界定为 ESI 全球排名前 1%，且在中国教育部组织的评估中位列全国前 5 名的学科。

案例研究已经成为管理学研究的一个重要研究方法，受到越来越多学者的关注。与其他类型的研究方法相比，案例研究有助于创建出新理论，能够以更容易获取的测量工具和更容易证伪的假说来检验理论、结论，可能更具有现实有效性[153]。本研究采用探索性单案例的研究方法。单案例研究有助于对案例进行全面分析和详细解剖，而探索性研究有利于充分理解未被理解的现象并对现象提供新的洞见。

10.2.2 案例选择与数据获取方法

根据以上标准，本研究选取哈尔滨工业大学计算机科学与技术学科（以下简称 H 大学 C 学科）这一典型学科进行单案例研究。H 大学处于中国大学的“第一梯队”，根据英国《泰晤士报》（QS）2016 年的大学排名，H 大学位列 291，近年来稳居全球大学前 400 名，且有进一步上升的潜力。C 学科在教育部组织的历次评估中稳居全国前 5 名，自 2011 年后多次进入ESI全球排名前1%行列，2015年位居ESI全球第76名。另外，从数据信息获取角度，C学科与研究者有着“关系接近”的优势。由于地缘和学缘关系，研究者本人在H大学学习和工作10年，其间一直跟踪C学科的发展，有机会近距离观察C学科，开展了相关数据资料的收集工作，能够很方便到C学科开展深入的实地调查研究。

本研究数据和信息来源于三方面：通过设计调研提纲，对15名学科骨干教师及退休教师进行访谈，深入了解影响学科发展的制度、关键事件和典型人物，了解学科当前发展面临的问题及未来发展的规划；通过查阅大学发展史、学科发展史等档案资料，了解学科演进过程中的关键事件和代表人物情况；通过对案例学科网站及其他网站数据信息的梳理和解读，了解近年来学科的主要活动、取得的成果及建立的规章制度。以上多种途径获取案例素材的做法，能够更好地互相验证本研究的观点，保证研究的信度。

10.2.3 案例学科发展历程

H大学C学科在60年的发展历程中，经历了几个重要的发展节点，即1956年C学科建立，1978年C学科恢复发展、1985年设置独立的学科以及2000年建立独立学院。依据组织生命周期理论，本研究将C学科发展历程划分为四个阶段。在初创期(1956—1965年)，H大学敏锐地抓住1956年国家《十二年科学技术发展规划》将“计算技术的建立”作为一项重大科学任务的战略机遇，筹办了全国最早的计算机专业，为全国培养计算机师资，率先开展教学和研究工作。在恢复发展期(1978—1984年)，1978年全国科学大会之后，C学科重视国际交流合作，调整内部的组织结构，教学科研工作开始全面恢复，多项科研成果获得省部级以上奖励。在改革创新期(1985—1999 年),国家对计算机专业人才的需求日益增多,C 学科单独设立并提出了引领发展的“1234”奋斗目标,学科核心能力得到极大提升。在逐步成熟期(2000 年至今),2000 年以 C 学科为基础单独组建计算机科学与技术学院,提出学科的发展战略、发展思路、学科发展“方圆观”和人才培养目标,学科先后被确定为国家“211 工程”“985 工程”及“双一流”重点建设学科。

10.3 一流学科的演进特征分析

10.3.1 依据外部环境变化采取适宜战略引领学科成长

对 C 学科案例的研究表明,一流学科的成长过程是学科与外部环境互动的结果。学科与外部环境在互动过程中,会依据外部环境的变化,在不同历史时期和发展阶段制定适宜的发展战略,发挥学科发展战略在发展历程中的引领作用。一流学科成长的关键是学科能够基于外部环境的变化,将发展阶段的每一次调整作为重要的发展机遇,制定和调整自身发展战略。一流学科在战略制定过程中,坚持做“一流的事”,即兼顾社会需求与重大科学问题[165]。基于对外部环境的敏锐感知,C 学科制定了相适宜的发展战略,并整合学科内外部知识资源实施学科发展战略,并由此形成了一个学科战略制定与实施的良性循环,从而实现了自身核心能力的稳步提升,如图 10-1 所示。

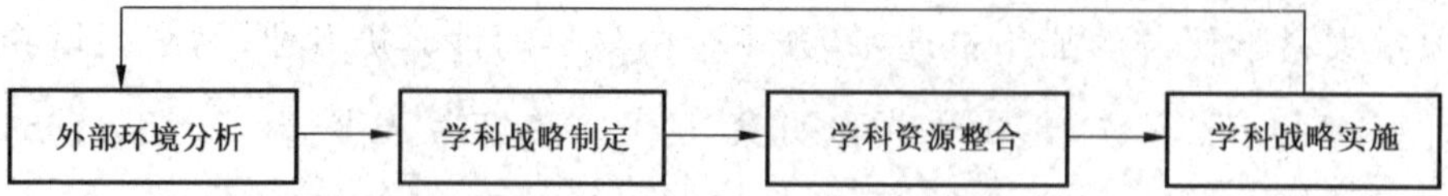

图 10-1 一流学科战略流程图

在初创期，C学科瞄准国家《十二年科学技术发展规划》对计算机技术提出的需求，将其作为发展C学科的重大契机。尽管不能像H大学其他学科一样能够聘请到苏联专家进行指导（当时H大学被国家确定为两所学习苏联高校的样板大学之一），但H大学敏锐地预见到未来国家对计算机人才的需求，于是从与计算机学科比较接近的仪器制造系抽调青年骨干教师创办C学科。由于起步时间早，这一重要举措奠定了其在当时国内相关学科的领军地位。在恢复发展期，C学科抓住中国改革开放带来的重大机遇，通过强化与欧美国家著名高校和研究机构的国际交流合作获得迅速发展。在改革创新期，H大学根据计算机学科发展趋势，单独设立C学科，并提出了"1234"（在校硕士生100名、2个博士点、3个专业和4个硕士点）的奋斗目标。在逐步成熟期，C学科围绕国家信息化发展战略，整合校内资源建立了计算机科学与技术学院，并提出了"四个一流"（办一流学科、出一流成果、建一流基地、育一流人才）的发展战略。正是在四个发展阶段制定的适宜战略，引领了C学科的发展，使其能将有限资源应用于优先发展方向上，成为保证C学科优势地位的关键影响因素。

学科的成长往往会经历从不稳定到稳定的过程，其中稳定是相对的、短暂的，而不稳定是绝对的、永恒的[168]。从C学科发展的历程中可以发现，在两个发展阶段的连接部分，往往是最不稳定时期，在此期间的每一次战略调整都事关学科发展的方向甚至存亡。C学科在每一个连接点上都围绕国家重大战略需求和经济社会发展需要及时做出战略调整和部署，从而不断延续其优势地位。对一流学科演进历程的详细考察表明，在学科的每一个发展阶段，都存在一个相对稳定的时期，而这种稳定的状态又会被一些重大变革所打断，从而使学科发展总体上呈现出间断均衡的一般阶段性特征。在此过程中，一流学科表现出的典型特征是能够尽快摆脱不利因素，抓住重大发展机遇期，制定适宜发展战略，实现长期稳定发展态势。

10.3.2 构建知识网络整合内外部知识资源助力学科成长

制定了学科发展战略后，问题的关键就变成如何有效落实学科发展战略，从而推动学科持续发展。随着当代学科专业化程度越来越高，学科及其成员往往被牢牢束缚在一个孤立的范围之内[169]。这种人为设置一定程度上阻碍了学科内部各知识主体以及各学科之间的沟通交流。对C学科的演进历程分析表明，C学科通常会根据发展战略的需要调整内部各种正式和非正式合作关系以重新配置内部知识资源，同时还积极与外部知识节点开展合作形成外部知识网络以弥补自身资源短缺，内部知识网络、外部知识网络、内外部知识网络协同以及动态演化有效地整合了学科的内外部知识资源，从而提升了学科的知识整合能力，推动一流学科的生成，如图9-5(见本书165页)所示。

学科要实现快速成长，就必须获取学科发展所需的各种资源，最终实现学科物质资本、人力资本与社会资本的集聚和增进[170]。学科整合内外部知识资源的途径是构建知识网络。所谓知识网络是指学科围绕知识创新活动所形成的各种正式和非正式合作关系的总体结构[167]。通过调研访谈，我们了解到C学科整合内部资源的一个重要方式是，基于战略发展需要调整组织结构，如初创期依托仪器制造系建立C专业，恢复发展期成立计算机应用和计算机系统结构教研室，改革创新期C学科独立设置并划分为8个教研室和5个教学实验室，在逐步成熟期依托学科建立学院并设立计算机基础系(以教学与本科生教育为主，下设5个教研室和2个实验中心)、计算机科学与工程系[以科学研究和研究生培养为主要任务，下设12个研究中心(所)]和新技术研发中心(加速科研成果转化和产业化)。此外，C学科通过各种正式和非正式制度，如定期举办学科发展战略研讨会、青年教师学术沙龙、学术讲座，开展“名师小班行”等活动，加强学科内部个体、团队、组织等各类知识主体的知识交流共享，有效整合学科内部知识资源。C学科还通过联合开展课题研究、教师访学、参加或举办国内外学术会议、优秀学生互派等形式与国内外一流知识主体(大学、研究机构和企业)开展实质合作，形成外部知识网络。学科内外部知识网络的构建形成了知识共享和创新体系，这个复杂适应性系统有效整合了学科内外部知识资源，提升了学科知识整合能力，推动了学科的持续健康发展。

10.3.3 优化机制有效治理知识网络保障学科成长

构建内外部知识网络有利于保证学科内外部知识资源的有效整合，而要使知识网络有效运转必须借助于良好的治理机制。网络治理的核心问题是治理机制问题[171]。对C学科的案例调研和分析发现，虽然治理机制有许多类型，但是在一流学科生成过程中，文化机制、学习机制和激励机制对保证学科内外部知识网络的有效运转发挥了关键作用。学科内外部网络节点复杂的连接关系、非线性的互动以及内外部知识网络显著的协同效应构成了学科知识网络治理逻辑的三维结构框架，如图10-2所示。

文化机制。文化是组织成功的关键要素[172]。相对于学科的许多正式制度，学科文化是一种非正式的行为规范，它是对学科内正式规则的有益补充。访谈中发现，C学科六十年的发展历程，其间发展环境甚至发生了重大改变，但其始终保持优势地位，学科文化发挥了至关重要的作用。

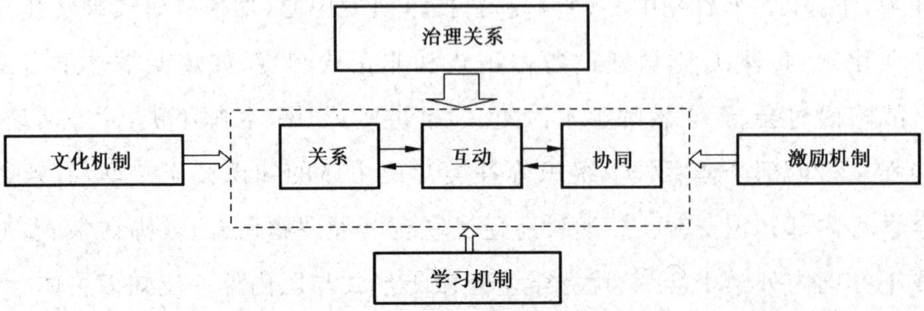

图 10-2 治理机制模型图

C 学科将学科文化总结为“光熙精神”，其中最重要的一条就是“求实创新，探索进取的勇于拼搏精神”，可以说一代又一代 C 学科的师生正是自觉地践行“光熙精神”，才使得 C 学科一直保持足够的竞争优势。C 学科深刻地体会到了学科文化对发展的巨大推动作用，通过制作院徽、院旗、学院画册，撰写院史，创作院歌，开展学院文化月等形式，将学科的历史、传统和特色融入到这些载体中，有效传承学科文化，在学科内部营造了浓厚的文化氛围。C 学科每年都举办春夏秋冬四季传统大型文化活动，其中冬季举办的学科发展战略研讨会是其中的亮点做法。在每年年底举办的 C 学科发展战略研讨会上，学院院长都要作学科发展战略的专题报告，对当年的学科建设工作进行总结，对未来 5—10 年的发展思路进行分析，明确学科在国内外的地位及今后的发展方向和目标。在会议安排的研讨环节中，每个方向的学科带头人都要对该方向进行定位并对未来发展做出规划，学科内全体教师要对“未来 10 年计算机科学的发展趋势、如何依托学科优势拓展新的前沿方向、世界一流学科建设经验、面向未来的学科发展战略”等主题开展集中研讨。这些做法无疑是“勇于拼搏”的学科文化的生动体现，说明 C 学科已经将探索进取内化为所有成员的自觉行动。学科文化凝聚了学科内全体成员的共识和力量，对保证学科的有效治理发挥了巨大推动作用。

学习机制。学习是学科获取持久竞争优势的根本途径。系统的、持续的组织学习机制是组织动态能力的源泉[173]。C学科通过多种措施促进学科内外部不同知识网络节点之间不同层次的学习，从而促进学科内部个体和学科组织知识能力的提升。C学科通过与国内外一流学科、一流研究机构、一流企业的互动，举办或参加国际学术会议等多种形式与外部网络节点实现知识交流共享。在提升自身知识能力的同时，不断扩大学科的影响力。定期邀请一流学者来学科讲学交流已经成为C学科的惯例，仅在2014和2015年度，C学科就邀请了纽约州立大学、亚利桑那州立大学、卡内基梅隆大学、康奈尔大学、斯坦福大学、日本会津大学、IBM中国研究院等机构的著名学者来学科讲学；邀请了一批在国际学术界享有很高声望的专家学者兼职工作，如邀请卡内基梅隆大学、犹他州立大学、香港理工大学、微软亚洲研究院的专家学者担任海外兼职博士生导师，聘请英国爱丁堡大学、美国佐治亚州立大学、法国波尔多第一大学及中组部“千人计划”等机构的学者作为长期合约专家；通过“走出去、请进来”等方式，与清华大学、北京大学、国防科学技术大学、浙江大学等国内一流大学的计算机学科交流教学科研工作，相互学习提高。C学科还积极搭建平台，促进学科内部网络节点之间的交流互动，定期组织“青年教师学术沙龙”（青年教师交流教学科研计划和个人成长计划）、“牛人经验谈”（学科内知名教授、博士生就发表文章、从事科研工作等做经验交流）、“名师小班行”（知名教授走进班级与学生座谈交流）等。这些活动对知识在学科内外部知识网络的快速交流、共享起到了良好的推动作用，也极大地提升了学科的知识整合能力。

激励机制。良好的激励机制能够充分调动学科内外部知识网络节点的积极性，为学科创造价值，赢得竞争优势。C学科通过采取物质和精神等多种激励手段，在内部营造了公平、公正、竞争择优的良好环境。要实现学科制定的发展战略，如何选拔和激励学科内部教师成为学科发展要解决的首要问题。C学科提出了“四靠”（靠事业吸引人、靠感情留住人、靠政策稳定人、靠机制激励人），“四个一”（每名教授有一项国家自然科学基金课题、一个国际合作伙伴、一篇国外刊物论文、一间办公室），“六有”（青年骨干教师在国外刊物上有论文、在国际学术会议上有身影、在国际会议上宣读论文、在国内外学术圈内有知名度、有国际合作伙伴、有重要课题）等，这些措施使学科能够在一种适度压力下激发动力，从而有效保证了C学科持续发展的活力。C学科重视青年教师的培养和任用，破格提拔了一批青年教授、副教授和博士生导师，其中有些教师逐步成长为“863”专家、全国教学名师等。由于做到了人尽其才，且引入了竞争机制，各层次的优秀人才都能脱颖而出，有效激发了教师队伍干事创业的积极性。C学科还在每年年底，通过召开全院大会的形式，表彰先进集体和个人，包括年度科研先进集体（排行榜前3名）、科研学术（论文）先进个人（排行榜前10名）、国际合作先进集体、国际合作先进个人、科研与学科建设个性化先进集体、科研与学科建设个性化先进个人。通过这些有效措施，在C学科内部营造出了赶超榜样、争当先进的良好氛围，有效激励了学科内部各个知识主体快速成长。

10.4 一流学科的生成机理

通过以上对H大学C学科发展历程及演进特征的分析，我们进一步提出一流学科生成的基本逻辑，即基于“环境—战略—要素—结构—能力—绩效”的一流学科生成机理模型，如图 10-3 所示。一流学科生成的关键是学科能够依据外部环境的变化采取适应性行为，制定有效战略引领学科发展方向，通过构建内外部知识网络有效整合学科内外部知识资源，文化机制、学习机制和激励机制有效保证学科内外部知识网络的良性互动，内外部知识网络的协同、互动进一步提升了学科的知识整合能力，进而促进了一流学科的生成。

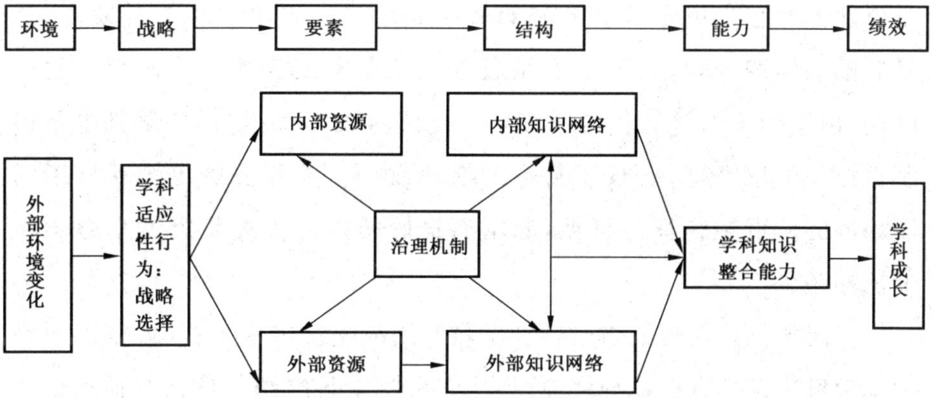

图 10-3　一流学科生成机理模型图

一流学科所面临的外部环境，既包括学科所在的大学环境，这是大学特有的环境，不同大学能够营造出不同的大学环境；又包括大学之外的国家经济、社会、科技等发展的一般环境，这是任何组织都必须面对的外部环境。一方面，大学自身的发展环境对学科发展具有重要的甚至是决定性的影响；另一方面，学科在大学环境的营造中更多地承担主动构建的角色。从案例中可以发现，在学科发展的初创期，正是因为 H 大学相关领导敏锐地洞察到计算机学科在未来国家发展中的重要性以及H大学仪器制造专业良好的人才储备，才具备了建立计算机专业的内在条件。而在逐步成熟期，2000年H大学与哈尔滨的另一所著名高校合并，H大学做出了整合学科资源，建立计算机科学与技术学院的决策，以此为节点C学科步入了快速发展阶段。而H大学在C学科发展的每个阶段任命的具有国际视野、学术底蕴、宽广胸襟、勇于创新的学科负责人对推动学科发展发挥了至关重要的作用，C学科的快速发展也进一步引起了H大学越来越大的重视。国家一般环境也对学科发展具有重要的影响，学科在此过程中更多地承担被动适应的角色。如在“文革”时期，大学发展陷入停滞，学科发展举步维艰。而在国家经济社会快速稳定发展时期，由于国家对计算机科学和信息化的重视程度提升，C学科也获得了良好的外部环境，实现了自身的快速发展。学科发展也呈现出了间断均衡的阶段性特征。可见，稳定而良好的外部环境是成就卓越学科的前提条件。

一流学科往往是战略引领性学科。用战略思维来审视、筹划和统率大学学科建设具有重要现实意义[174]。大学学科组织和任何其他组织一样面临资源稀缺问题，如何优化资源配置是学科发展面临的永恒主题。学科要持续发展，就必须在一定时期内将有限资源用于优先发展方向上，因此学科必须制定发展战略引领学科发展。H大学C学科的发展历程表明，依据外部环境的变化制定适宜的发展战略，引领学科的发展，是一流学科保持核心竞争能力的关键举措。正是在初创期的“教学、科研并重”，恢复发展期的“通过国际交流合作促进自身发展”，改革创新期的“1234”奋斗目标以及逐步成熟期的“四个一流”发展战略，C学科始终能根据外部环境的变化制定适宜的发展战略引领学科发展。尤其是在逐步成熟期，C学科不仅提出了"四个一流"发展战略，还提出了"教学、科研与产业三维立体发展"的学科发展思路，总结了指导二级学科制定发展规划的"方圆观"，确定了计算机智能接口等7个主攻方向，提出了培养"研究型、个性化、精英式"的一流人才培养目标。战略和总体发展思路为学科内部知识行动者勾画了学科发展的愿景，并产生了巨大的激励作用。

学科要实现发展战略就必须依靠和整合学科内外部优质知识资源，不断提升学科的知识整合能力。C学科的做法是通过构建内外部知识网络整合内外部知识资源，通过知识网络的正反馈效应、外部效应和联结效应，整合学科内外部的各种知识资源并不断挖掘潜在的资源。内部知识网络有效整合了学科内部的知识资源，而外部知识网络的构建有效地解决了学科知识的缺口问题，文化机制、学习机制和激励机制保证了学科内外部知识网络的有效运转。学科内外部知识网络有效运行的关键是知识网络节点的选择和激励。我们可以从人力资本产权角度理解作为知识型组织的学科，将学科理解为一个人力资本和非人力资本的契约。无疑，决定学科核心能力的关键资源是人力资本。人力资本的产权特征表现为人力资源不但总是附着在自然的个人身上，并且只归个人调用，一方面，人力资产天然归属个人；另一方面，人力资本的产权权利一旦受损，其资产可以立刻贬值或荡然无存[175]。从案例学科的分析发现，C学科充分认识到了人力资本在学科发展中的决定性作用。一方面，通过有效措施留住和吸引人才，提出要"靠事业吸引人、靠感情留住人、靠政策稳定人"，不断优化学科内部的知识节点；另一方面，提出"靠机制激励人"，只有有效激励内部知识节点，才能发挥知识节点的最大知识潜能，从而不断提升学科的核心能力。正是通过构建良好的学习机制、文化机制和激励机制，营造了良好的知识共享环境，有效整合了学科内外部知识资源，提升了学科知识整合能力，进而推动了一流学科的生成。

10.5 研究结论

近年来，如何建设世界一流大学和一流学科成为一个迫切需要解决的理论和现实问题。对已有研究成果的梳理表明，当前这一领域的研究系统性不足、研究深度不够。本研究对H大学C学科的典型案例进行了详细研究，分析了其演进历程，总结了其三个典型特征，并在此基础上提出了一流学科的生成机理模型。研究结论对中国高校建设世界一流学科的启示是：要持续提升学科建设水平，就要根据学科发展面临的环境确定不同的发展战略以实现对学科发展的方向引领；要通过构建知识网络整合内外部知识资源以实现学科知识能力的提升，重视内部网络节点能力的提升和节点间互动，同时加大与外部优质网络节点互动的强度和规模，强化知识的交流共享，使知识创新从内部创新走向开放式创新；不断优化文化机制、学习机制和激励机制等网络治理机制，保障学科知识网络的有效运转。在今后的研究中，应该在一流学科生成机理模型的基础上，综合运用人力资本理论、社会网络理论、复杂适应性系统理论等多个理论视角，应用国内外多案例比较研究方法进行深入研究，进一步证实或证伪这一理论模型，同时要深入研究治理机制在一流学科生成中的影响机理。

结　论

本研究在对国家层面建设世界一流大学政策、省域层面“双一流”政策、高校层面“双一流”政策、一流学科的生成与治理等国内外现有研究成果梳理和总结的基础上，综合运用战略管理理论、人力资本理论、组织成长理论、内容分析方法、社会网络分析方法、案例研究方法等多种理论方法，从宏观政策和微观机理两个方面，深入研究了一流学科的生成与治理这一核心问题。本研究的主要结论和创新性研究成果如下：

(1) 深入分析了中国建设世界一流大学政策的总体特征和演进规律，探究了政策主体合作网络演化规律。

本研究以 1993 至 2018 年中国中央政府发布的 149 份一流大学政策为研究对象，从政策数量、政策主题、政策发布机构、政策类别、政策效力等五个变量及其相互关系角度分析了政策的总体特征，进一步将其政策演进规律总结为：演进动力来源于持续性地探索学习，演进方式呈现为从单一政策主题到多政策主题，演进过程表现为基于政策主题的非线性政策过程。以中国建设世界一流大学政策文本为研究对象，运用社会网络研究方法绘制出重点大学和重点学科建设阶段、世界一流大学建设阶段、“双一流”建设阶段的政策主体合作网络图谱，并对网络结构特征进行了定量分析。研究发现，中国建设世界一流大学政策主体间形成了分散但各有侧重的合作结构，政策主体合作网络随着国家发展战略的变化而不断适应和演化，分散-耦合型网络将成为未来政策主体合作网络结构的基本形态。

(2) 深入分析了中国省域“双一流”政策，总结了其典型特征、存在的问题，提出了政策的优化策略。

选取 2015 年以来中国省域政府出台的 30 份“双一流”政策文本，基于政策工具和政策主题二维研究架构进行量化分析。结果表明，“双一流”政策政府主导特征明显、政策工具应用不均衡、政策主题集中，提出省域政府应主动谋划完善政策体系、综合应用多种政策工具、适度调整政策力度等三方面的政策优化策略。基于内容分析方法，以中国 30 个省域的“双一流”政策文本为研究对象，通过深入分析发现，政策典型特征表现为：政策名称与文本结构趋同、政策目标定量化和阶段化、创新体制机制激发内在动力，存在的问题表现为：资金来源多元化任重道远、一流学科评价标准单一、人才建设重引进轻培育，基于以上分析提出了中国省域“双一流”建设的优化策略。

(3) 深入分析了中国高校“双一流”政策，总结了其典型特征和存在的问题，提出了政策的优化策略。

基于政策工具和政策领域构建二维分析框架，对中国 41 所一流大学建设高校制定的“双一流”政策文本进行量化分析。研究表明，现有政策体系存在政策工具使用不均衡、不同政策领域政策供给差异性明显等问题，未来政策调整应该优化政策工具结构、强化相关政策领域的政策供给力度。基于内容分析方法，以中国 41 所一流大学建设高校制定的“双一流”政策文本为研究对象，通过深入分析发现，其典型特征表现为：短时间内集中发布、政策名称和文本结构趋同、学科建设成为牵引与核心；存在的问题包括：发展阶段的划分理想导向高于客观实际、自上而下的政策制定和执行模式难以有效激发大学基层学术组织积极性、构建现代大学制度的重视程度不足。提出中国高校应该在政策制定、政策执行和中国特色现代大学制度建设三方面进一步优化“双一流”政策。

（4）总结了高成长学院的典型特征和治理机制，提出了学院高成长机理模型。

在“双一流”建设背景下，学院发展已经成为影响一流大学和一流学科建设的关键。选取清华大学经济管理学院为案例进行探索性研究，引入资源基础理论、战略管理理论等多理论视角探究其成长历程。研究表明，学院具有战略规划制定引领学院发展方向、清晰界定权责优化内部资源、构建外部网络获取稀缺资源的典型特征，支撑其发展的治理机制是强有力的领导力、不断完善的现代大学制度以及追求卓越的文化，最后提出学院实现高成长的机理模型。

（5）深入分析了一流学科生成的演进特征及网络协同演化机理，提出了基于“环境—战略—要素—结构—能力—绩效”的一流学科生成机理模型。

在明确一流学科内涵和标准的基础上，对国内外多个一流学科的案例进行了深入剖析，研究表明，一流学科的演进特征表现为：适应性战略引领学科发展、内部资源整合促进学科内生性成长、外部资源整合助力学科突破性成长三个方面，一流学科内外部知识网络在发展中协同演进，其演化趋势从点对点到点对面，再到网对网。选取H大学C学科进行探索性研究，引入组织生命周期等理论探讨其发展演进历程，引入人力资本理论和知识管理理论等多种理论探究演进特征并将其总结为：依据外部环境变化采取适宜战略引领学科成长、构建知识网络整合内外部知识资源助力学科成长、优化机制有效治理知识网络保障学科成长，最后提出了基于“环境—战略—要素—结构—能力—绩效”的一流学科生成机理模型。

随着中国“双一流”建设的持续推进，一流学科的生成与治理已经成为研究的热点问题。本研究从宏观政策和微观机理两方面做了一定探讨，取得了一定的研究成果，但是还有很多需要完善的地方。有待进一步研究的问题和方向包括：

(1) 中国建设世界一流大学政策体系，本研究分别从国家、省域和高校层面进行了深入分析。在今后的研究中，应该进一步探讨国家政策主题的演进规律并总结其理论逻辑，通过定量和定性分析相结合的方法，分别总结省域“双一流”政策、高校“双一流”政策的共性特征和差异化特征，通过以上研究，为优化政策体系提供决策参考。

(2) “学院的健康高成长”问题已经成为“双一流”建设的核心研究内容之一，本研究基于多理论视角和案例研究方法进行了一定探索，为“双一流”背景下学院实现高成长提供了理论支持和决策参考。在未来的研究中还需要对影响学院高成长的战略规划的特点、内外部资源整合的方式、正式与非正式制度的互动等内容展开深入研讨，从而得出更有深度的一般性结论。

(3) 本研究在实证分析的基础上，提出了一流学科生成机理模型。在今后的研究中，应该综合运用人力资本理论、社会网络理论、复杂适应性系统理论等多个理论视角，应用国内外多个案例进行比较研究，进一步证实或证伪这一理论模型。同时，应该将治理机制作为研究重点，深入分析治理机制在一流学科生成中的影响机理，探讨什么样的治理机制能够更有效地催生一流学科这一重要问题。

参考文献

[1] 刘献君. 大学之思与大学之治[M]. 武汉:华中理工大学出版社,2000:32.

[2] 周光礼,武建鑫. 什么是世界一流学科[J]. 中国高教研究,2016(1):65-73.

[3] 凌健. 学科制是大学内部治理体系现代化的有效形式[J]. 教育发展研究,2015(17):79-81.

[4] VAHL C. Exzellenzinitiative[J]. Z Herz-Thorax-Gefächir, 2013(27):140-145.

[5] BOUDARD, WESTERHEIJDEN D F. France: initiatives for excellence: policy analysis of structural reforms in higher education. Palgrave studies in global higher education [M]. Palgrave Macmillan, Cham,2016:161-182.

[6] AKIYOSHI YONEZAWA. Challenges for top Japanese universities when establishing a new global identity: seeking a new paradigm after "world class"[C]// Institutionalization of World-Class University in Global Competition. Springer Netherlands, 2013:125-143.

[7] YONEZAWA Y, YONEZAWA A. Internationalization of highereducation as a response to globalization: Japan's policy challenges since the 1980s [C]// Creating Social Cohesion in an Interdependent World: Experiences of Australia and Japan. Palgrave Macmillan US, 2016:191-204.

[8] KIYONG B, JAE-EUN J, DONGBIN K. Quest for building world-class universities in South Korea: outcomes and consequences [J]. Higher Education, 2013, 65(5):645-659.

[9] JANG D H, KIM L. Framing "world class" differently: international and Korean participants' perceptions of the world class university project [J]. Higher Education, 2013, 65(6):725-744.

[10] JEAN S KANG. Initiatives for change in Korean highereducation: quest for excellence of world-class universities [J]. International Education Studies, 2015, 8(7):169-180.

[11] 陈学飞. 理想导向型的政策制定——"985工程"政策过程分析[J]. 北京大学教育评论, 2006(1):145-157.

[12] 康宁, 张其龙, 苏慧斌. "985工程"转型与"双一流方案"诞生的历史逻辑[J]. 清华大学教育研究, 2016, 37(5):11-19.

[13] 张端鸿. "双一流":新时期我国院校重点建设政策的延续与调适[J]. 教育发展研究, 2016, 36(23):67-72.

[14] 翟雪辰, 王建华. 我国高等教育重点建设政策的演变与启示[J]. 当代教育科学, 2017(7):71-75.

[15] 胡炳仙. 我国重点大学建设的渐进模式[J]. 高等教育研究, 2017, 38(5):26-31.

[16] 姜璐，董维春，张海滨. 目标、策略与保障：我国建设世界一流大学的三维行动路径[J]. 江苏高教，2018(10)：35-40.

[17] 徐浪，王建华. 我国"双一流"建设的政策分析[J]. 黑龙江高教研究，2018，36(6)：1-5.

[18] 钟建林. "双一流"建设的历史理路、现实审思与未来路向[J]. 东南学术，2018(3)：115-122.

[19] 王建华. 政策驱动改革及其局限——兼议"双一流"建设[J]. 江苏高教，2018(6)：6-11.

[20] 王庆华，张婷，张李斌. 从"211 工程"到"双一流"：我国建设世界一流大学政策变迁的内在机理[J]. 社会科学家，2017(11)：121-127.

[21] 胡德鑫. 我国世界一流大学建设的历史演变、基本逻辑与矛盾分析——基于历史制度主义的分析范式[J]. 教育发展研究，2017，37(13/14)：1-8.

[22] 胡德鑫. 我国建设世界一流大学政策的演变逻辑与价值取向——基于多源流理论的分析视角[J]. 中国人民大学教育学刊，2018(1)：49-59.

[23] 刁勇生. "双一流"建设的政策工具选择研究[J]. 黑龙江高教研究，2017(11)：31-35.

[24] 徐赟. "双一流"建设中政策工具选择与运用的问题及对策[J]. 教育发展研究，2018，38(1)：26-32.

[25] 彭华安. 政策工具视角下的"双一流"建设政策研究[J]. 研究生教育研究，2018(3)：77-83.

[26] 袁曦临，戴琦，宋歌. 双一流大学建设规划的内在逻辑及其风险分析[J]. 科研管理，2019，40(11)：12-21.

[27] 刘丽丽，李春林. 中国“双一流”政策文本量化分析[J]. 黑龙江高教研究，2019，37(2)：1-6.

[28] 赵可，史静寰，孙海涛. 美国联邦政府建设一流大学的政策分析[J]. 清华大学教育研究，2009，30(4)：15-24.

[29] 张惠，刘宝存. 法国创建世界一流大学的政策及其特征[J]. 高等教育研究，2015，36(4)：89-96.

[30] 刘宝存，张伟. 国际比较视野下的创建世界一流大学政策研究[J]. 比较教育研究，2016，38(6)：1-8.

[31] 包水梅，常乔丽. 香港建设世界一流大学之政策研究[J]. 国家教育行政学院学报，2017(1)：81-88.

[32] 孙百才，徐宁. 香港建设“世界一流大学”的质量保障措施与政策经验[J]. 清华大学教育研究，2018，39(1)：75-83.

[33] 吴小玮. 省域“双一流”建设政策文本的内容分析[J]. 中国高教研究，2017(8)：56-60.

[34] 刁勇生. “双一流”建设中地方政府的注意力配置——基于30项省域政策文本的NVivo软件分析[J]. 教育发展研究，2017(21)：31-38.

[35] 褚照锋. 地方政府推进一流大学与一流学科建设的策略与反思——基于24个地区“双一流”政策文本的分析[J]. 中国高教研究，2017(8)：50-55.

[36] 张伟，张茂聪. 我国“双一流”建设的省际政策比较——基于26省“双一流”实施意见的文本分析[J]. 高校教育管理，2018(4)：19-26.

[37] 陈燕，车金恒，祝苏东. “双一流”建设的地方行动：基于政策的文本分析[J]. 研究生教育研究，2018(4)：70-76.

[38] 张伟,薄存旭. “双一流”建设的价值逻辑与实践路径——基于四省“双一流”建设的系列政策文本分析[J]. 现代教育研究,2018(1):19-25.

[39] TAYEB O S, DAMANHOURI Z A. Transformation towards a world-class university[C]// LIU N C ,WANG Q ,CHENG Y. Paths to a world-class university. Global Perspectives on Higher Education, 2011(23):275-281.

[40] RUIZ-RODGERS N. The role of research university in the Third World[C]// LIU N C ,WANG Q ,CHENG Y. Paths to a world-class university. Global Perspectives on Higher Education,2011(23):107-124.

[41] XAVIER C A, ALSAGOFF L. Constructing “world-class as global”: a case study of the National University of Singapore[J]. Education Research Policy Practice,2013(12):225-238.

[42] SANDERS J S. Comprehensive internationalization in the pursuit of “world-class” status: a cross-case analysis of Singapore's two flagship universities[J]. High Education Policy,2018(9):5-23.

[43] MILLAR V. Interdisciplinary curriculum reform in the changing university [J]. Teaching in Higher Education, 2016, 21 (4): 471-483.

[44] 张欣亮,童玲红,苏庆伟. 澳大利亚新南威尔士大学创建世界一流大学的战略与实践鉴析[J]. 现代大学教育,2018(1):46-56.

[45] 张伟,张茂聪. 我国高校一流大学建设的校际经验——基于6所高校一流大学建设方案的文本分析[J]. 中国高教研究,2018(5):

26-32.

[46] 申超，杨梦丽. 一流学科建设蓝图是如何描绘的——基于41所"双一流"建设高校建设方案的文本分析[J]. 高等教育研究，2018，39(10)：37-42.

[47] 周光礼. 建设世界一流工程学科："双一流"高校的愿景与挑战[J]. 现代大学教育，2019(3)：1-10.

[48] 陈恩伦，马健云. 师范院校人才培养模式比较研究——基于"双一流"建设方案的文本分析[J]. 现代教育管理，2019(7)：71-78.

[49] 蒋洪池，王如雪，徐绍红. 我国一流大学建设的若干偏差及其修复——基于42所一流大学建设方案的文本分析[J]. 江苏高教，2019(1)：14-19.

[50] 周光礼. 一流本科教育的中国逻辑——基于C9高校"双一流"建设方案的文本分析[J]. 湖南师范大学教育科学学报，2019，18(2)：15-22.

[51] 杨天平. 学科概念的沿演与指谓[J]. 大学教育科学，2004(1)：13.

[52] 夏征农. 辞海[M]. 上海：上海辞书出版社，1988：112.

[53] 王续棍. 交叉学科结构论[M]. 大连：大连理工大学出版社，2003：5-6.

[54] 胡建雄. 学科组织创新[M]. 杭州：浙江大学出版社，2001：243-244.

[55] 华勒斯坦，等. 学科·知识·权力[M]. 刘健芝，等译. 北京：生活·读书·新知三联书店，1999：14.

[56] 龚怡祖. 学科的内在建构路径与知识运行机制[J]. 教育研究，

2013(9):12-24.

[57] 方文. 欧洲社会心理学的成长历程[J]. 心理学报,2002(6):651-654.

[58] 伯顿·R 克拉克. 高等教育系统——学术组织的跨国研究[M]. 王承绪,等译. 杭州:杭州大学出版社,1994:33-35.

[59] 宣勇,凌健. “学科”考辨[J]. 高等教育研究,2006(4):18-23.

[60] 谢桂华. 高等学校学科建设论[M]. 北京:高等教育出版社,2011:63.

[61] 克拉克·克尔. 大学的功用[M]. 陈学飞,等译. 南昌:江西教育出版社,1993:43.

[62] 杨玉良. 关于学科和学科建设有关问题的认识[J]. 中国高等教育,2009(19):4-7.

[63] 潘云鹤,顾建民. 大学学科的发展与重构[J]. 高等工程教育研究,1999(3):8.

[64] 冯向东. 张力下的动态平衡:大学中的学科发展机制[J]. 现代大学教育,2002(2):67-71.

[65] 张晓宁,杨晓江. 试析江苏省高校重点学科建设的特征[J]. 学位与研究生教育,2014(7):35.

[66] 赵渊. 世界一流学科建设的“中国范式”:价值建构及实践路径[J]. 浙江社会科学,2019(4):95-102.

[67] 徐小洲,梅伟惠. 论世界一流学科建设的战略起点[J]. 高等教育研究,2007(11):1-6.

[68] 秦明,赵伯飞,龙建成. 学科生态系统模型的建构和解读[J]. 西安电子科技大学学报,2007(4):153-158.

[69] 郭树东. 研究型大学学科生态系统发展模型及仿真研究[D]. 北京:北京交通大学,2009:48.

[70] 刘献君. 论高校学科建设中的几个问题[J]. 中国地质大学学报(社会科学版),2010,10(4):6-11.

[71] 黄巨臣. 非均衡发展:一流学科建设的逻辑、局限及其应对[J]. 西南大学学报(社会科学版),2019,45(6):94-101.

[72] 吴丁玲,胡仁东. 一流学科建设的逻辑遵循与行动策略[J]. 高校教育管理,2019,13(6):64-71.

[73] 张金福,宣勇,王才领. 我国大学学科发展模式的反思与创新[J]. 高等工程教育研究,2008(1):95-98.

[74] 宣勇,张凤娟,黄一岚. 大学学科组织的生成逻辑[J]. 高等工程教育研究,2008(3):69.

[75] 宣勇,张鹏. 组织生命周期视野中的大学学科组织发展[J]. 科学学研究,2006(12): 366.

[76] 宣勇,凌健. 大学学科组织化建设:价值与路径[J]. 教育研究,2009(8):31.

[77] 苌庆辉,李克敏. 产学研合作反哺学科发展:理想模型、实践困境和改进策略[J]. 学位与研究生教育,2012(11):53-58.

[78] 武建鑫. 走向自组织:世界一流学科建设模式的反思与重构[J]. 湖北社会科学,2016(11):158-164.

[79] 李志峰,梁言. 文化浸入与要素耦合:世界一流学科组织化建设策略——以中美两所大学材料学科为比较案例[J]. 江苏高教,2019(3):113-118.

[80] 全守杰. 世界一流学科的组织要素及互动关系研究——基于香

港大学教育学科的案例[J]. 大学教育科学,2019(2):107-113.

[81] 文池. 在北大听讲座[M]. 北京:中国城市出版社,2001:245.

[82] 方文. 学科制度和社会认同[J]. 中国农业大学学报(社会科学版),2008(2):187.

[83] 方文. 学科制度和社会认同[M]. 北京:中国人民大学出版社,2008.

[84] 庞青山. 大学学科结构与学科制度研究[D]. 上海:华东师范大学,2004:22-23.

[85] 万力维. 控制与分等:权力视角下的大学学科制度的理论研究[D]. 南京:南京师范大学,2005:30.

[86] 周志发,孔令帅. 美国大学从"地方性"走向"世界一流"的发展历程(1876—1950)——从物理学科发展的视角[J]. 清华大学教育研究,2009(1):61-66.

[87] 潘军. 双一流建设的路径演化:一个制度创新的论域[J]. 国家教育行政学院学报,2018(2):23-29.

[88] 宫新栋,杨平,时留新. 关于高校一流学科演进与建设的思考[J]. 中国高校科技,2019(3):25-27.

[89] 朱明. 基于大学排名的世界一流学科评价问题研究[J]. 研究生教育研究,2012(7):53.

[90] JENNINGS, MATTHEW V. A thin line between love and hate [J]. Currents, 2007(9):22-27.

[91] 朱明,杨晓江. 大学学科水平影响因素辨识及其相互作用[J]. 学位与研究生教育,2013(8):51-55.

[92] 倪瑞,胡忠辉,燕京晶. 基于ESI的国内外部分高校理学学科发

展比较研究[J]. 学位与研究生教育,2011(5):32-38.

[93] 鲁伟. 西部地区高校科研竞争力现状浅析——基于ESI数据库的计量分析[J]. 科教导刊,2012(2):107.

[94] 邱均平,李小涛. 2014年中国大学本科专业竞争力的评价与分析[J]. 重庆大学学报(社会科学版),2014(4):100-106.

[95] 何培,郑忠,何德忠,李彦. C9高校与世界一流大学群体学科发展比较[J]. 学位与研究生教育,2012(12):64-69.

[96] 姜华,刘苗苗,刘盛博. 基于ESI数据库的我国"985工程"高校一流学科评价研究[J]. 现代教育管理,2017(8):24-29.

[97] GRANT M. The resource-based theory of competitive advantage:implications for strategy formulation [J]. California Management Review, 1991(3):114-135.

[98] 伊迪丝·彭罗斯. 企业成长理论[M]. 赵晓,译. 上海:上海人民出版社,2007:79.

[99] 周进. 大学中学科核心竞争力[J]. 科技导报,2001(10):14-17.

[100] 刘权,邹晓东. 大学学科核心能力初探[J]. 辽宁教育研究,2004(2):20-22.

[101] 赵坤,王振维. 大学重点学科核心竞争力的构建——基于资源与能力整合为视角[J]. 黑龙江高教研究,2009(10):25-27.

[102] 龚怡祖,谢凌凌,陈金圣,等. 大学学科运行与学科发展战略中若干问题的理论分析[J]. 高等教育研究,2011(10):38-49.

[103] 黄超,王雅林,姜华. 大学学科成长能力系统构建及其路径[J]. 高等教育研究,2011(1):25-31.

[104] 刘小强,彭颖晖. 一流学科建设就是建设一流的学科生产能力

[J]. 学位与研究生教育,2018(6):19-23.

[105] 陈亮. 学科治理能力现代化:“双一流”建设的逻辑旨归[J]. 高校教育管理,2019,13(6):55-63.

[106] 陈学飞. 本土化·理论化·经验化——评《中国教育政策过程本土化研究》[J]. 大学教育科学,2017(5):40.

[107] 黄萃,任弢,李江,等. 责任与利益:基于政策文献量化分析的中国科技创新政策府际合作关系演进研究[J]. 管理世界,2015(12):68-81.

[108] 刘凤朝,徐茜. 中国科技政策主体合作网络演化研究[J]. 科学学研究,2012,30(2):241-248.

[109] 徐倪妮,郭俊华. 中国科技人才政策主体协同演变研究[J]. 中国科技论坛,2018(10):163-173.

[110] 崔晶. 京津冀都市圈地方政府协作治理的社会网络分析[J]. 公共管理与政策评论,2015,4(3):35-46.

[111] 刘军. 社会网络分析导论[M]. 北京:社会科学文献出版社,2004:4.

[112] 魏娜,范梓腾,孟庆国. 中国互联网信息服务治理机构网络关系演化与变迁——基于政策文献的量化考察[J]. 公共管理学报,2019,16(2):94.

[113] 朱炎军,夏人青. 韩国建设世界一流大学的战略举措——以浦项科技大学为例[J]. 高等工程教育研究,2017(5):125-129.

[114] 包水梅,常乔丽. 从政府战略到院校行动:香港世界一流学科建设的经验及启示[J]. 高等工程教育研究,2017(3):95-99.

[115] 李钢. 和谐与渐进发展:社会话语镜像中的中国教育政策调整

机制[J]. 公共管理评论，2006 (4)：91-113.

[116] 涂端午. 中国高等教育政策制定的宏观图景——基于1979—1998年高等教育政策文本的定量分析[J]. 北京大学教育评论，2007(4)：53-65.

[117] 涂端午. 高等教育政策的价值结构——基于政策文本的实证分析[J]. 清华大学教育研究，2010(5)：6-13.

[118] 曲洁. 义务教育改革与发展的政策工具研究[J]. 复旦教育论坛，2011(5)：9-13.

[119] 吕武. 中国当前学前教育政策工具选择偏向及其影响——基于《国家长中期教育改革和发展规划纲要(2010～2020)》以来的主要政策文本的分析[J]. 教育科学，2016(1)：77-81.

[120] 黄萃，赵培强，苏竣. 基于政策工具视角的中国少数民族双语教育政策文本量化研究[J]. 清华大学教育研究，2015(5)：88-95.

[121] 李科利，梁丽芝. 中国高等教育政策文本定量分析——以政策工具为视角[J]. 中国高教研究，2015(8)：50-56.

[122] 潘静. "双一流"建设的内涵与行动框架[J]. 江苏高教，2016(5)：24-27.

[123] 周光礼. "双一流"建设的三重突破：体制、管理与技术[J]. 大学教育科学，2016(4)：4-14.

[124] 吴合文. "双一流"建设的系统审思与推进策略[J]. 高等教育研究，2017，38(1)：29-36.

[125] 张伟，薄存旭. "双一流"建设的价值逻辑与实践路径——基于四省"双一流"建设的系列政策文本分析[J]. 现代教育管理，2018(1)：19-25.

[126] 陈雨,李晨英."双一流"建设关键问题政策文本分析[J].情报工程,2018,4(1):101-116.

[127] 徐高明.省域高水平大学建设的体制机制创新与存在的问题——以北京、上海、广东高水平大学建设为例[J].高等教育研究,2017,38(3):37-44.

[128] 马陆亭.一流学科建设的逻辑思考[J].高等工程教育研究,2017(1):62.

[129] 杨频萍,汪霞."双一流"建设背景下我国学科专业评价创新研究[J].高校教育管理,2018,12(6):65-73.

[130] 李延保."双一流"大学建设中人才培养目标定位的思考[J].中国高校科技,2017(1/2):4-6.

[131] 王宝玺,于晴.亚洲世界一流大学建设的特点及启示——以东京大学、新加坡国立大学和香港科技大学为例[J].高校教育管理,2018(6):57.

[132] 熊丙奇."双一流":中国建设世界一流大学 2.0 版[J].人民论坛,2016(21):52-54.

[133] 徐超富,杨翠明.我国何以圆世界一流大学之梦[J].湖南师范大学教育科学学报,2007(1):81.

[134] 程雅杰.从"211 工程"到"985 工程"再到"2011 计划"——基于渐进模型视角的分析[J].教育与考试,2013(5):70.

[135] 苏林,杨佳乐,高耀,王立.省域统筹推进"双一流"建设政策中的突出特点、典型矛盾及破解策略[J].学位与研究生教育,2018(2):38.

[136] 西工大:"正合奇胜"打赢"双一流"建设攻坚战[EB/OL].(2015-12-19)[2019-12-01]. https://xyh.nwpu.edu.cn/info/1151/

2375. htm.

[137] 江苏几位高校校长谈“双一流”大考：压力很大[EB/OL]. (2018-03-09)[2019-12-21]. http://edu. jschina. com. cn/jy/201803/t20180309_5179829. shtml.

[138] 刘献君. 没有一流的学科就没有一流的大学[J]. 求是，2002(3):54-55.

[139]我校召开“十三五”暨“双一流”专题研讨会[EB/OL]. (2016-03-05)[2019-12-26]. http://news. nankai. edu. cn/nkyw/system/2016/03/05/000270795. shtml.

[140] 聚焦“双一流” 我校召开学科建设研讨会[EB/OL]. (2019-04-28)[2020-06-21]. http://news. hit. edu. cn/04/b5/c1510a197813/page. htm.

[141] 学校召开“双一流”建设研讨会[EB/OL]. (2017-03-03)[2020-02-11]. http://www. njust. edu. cn/1c/14/c3624a138260/page. htm.

[142] 孔宪铎. 我的科大十年[M]. 北京：北京大学出版社，2004:17.

[143] 张应强，蒋华林. 关于中国特色现代大学制度的理论认识[J]. 教育研究，2013(11):36.

[144] 郭书剑，王建华. 论学院的治理及其意义[J]. 江苏高教，2016(5):36-40.

[145] 张德祥，李洋帆. 二级学院治理：大学治理的重要课题[J]. 中国高教研究，2017(3):6-11.

[146] 张德祥，方水凤. 1949 年以来中国大学院(系)治理的历史变迁——基于政策变革的思考[J]. 中国高教研究，2017(1):1-7.

[147] 王枫云. 高校二级学院的技术治理:缘起、逻辑与反思——基于G高校的实证研究[J]. 国家教育行政学院学报,2018(11):29-34.

[148] 王夫寿,胡仁东. 高校二级学院党政联席会:权力边界与行动准则[J]. 高校教育管理,2018,12(6):51-56.

[149] 刘冬冬,张新平. 高校二级学院治理:困境及其消解路径[J]. 现代教育管理,2018(6):17-22.

[150] 谭婷. 治理理论视角下高校二级学院决策机制研究[J]. 高教探索,2015(7):10-14.

[151] 谢凌凌. 世界一流大学的学院治理与高等教育创新——对剑桥大学教育学院院长杰夫·海沃德教授的访谈[J]. 高等教育研究,2017,38(5):1-8.

[152] 李立国,张翼. 美国研究型大学学院治理模式探析[J]. 清华大学教育研究,2016,37(6):15-27.

[153] 罗伯特·K 殷. 案例研究:设计与方法[M]. 周海涛,译. 重庆:重庆大学出版社,2004.

[154] 钱颖一. 学院治理现代化:以清华大学经济管理学院为例[J]. 清华大学教育研究,2015,36(2):1-6.

[155] 张维迎. 大学的逻辑[M]. 3版. 北京:北京大学出版社,2012.

[156] 钱颖一. 大学的改革[M]. 北京:中信出版社,2016.

[157] 清华大学经济管理学院. 赵纯均: 三个人的二十年(一)[EB/OL]. (2007-02-27)[2020-03-25]. http://www.sem.tsinghua.edu.cn/jgszcn/TZ_20693.html.

[158] 李春林. 基于知识网络的创新型大学一流学科生成机理研究[D]. 哈尔滨:哈尔滨工业大学,2013.

[159] YIN R K. Case study research: design and methods [M]. Thousand Oaks: Sage Publications, 1994:126.

[160] EISENHARD K M. Building theories from case study research [J]. Academy of Management Review,1989(4):532-550.

[161] 黄宝晟,梁文平. 谈学科战略研讨的组织方式和作用[J]. 中国科学基金,2009(2):108.

[162] 洛温. 创建冷战大学——斯坦福大学的转型[M]. 北京:清华大学出版社. 2007:183.

[163] 埃兹科维茨. 麻省理工学院与创业科学的兴起[M]. 王孙禺,等译. 北京:清华大学出版社,2008:28.

[164] 凯泽. 麻省理工学院的成长历程:决策时刻[M]. 王孙禺,雷环,张志辉,译. 北京:清华大学出版社. 2015.

[165] 周炜,单泠. 以“做一流的事”驱动一流学科建设[J]. 中国高等教育,2016(1):31.

[166] 阎康年. 卡文迪什实验室成功经验的启示[J]. 中国社会科学,1995(4):180-194.

[167] 李春林,丁云龙. 创新型大学一流学科及知识网络建设研究[J]. 价值工程,2012(23):254-256.

[168] 张鹏,宣勇. 组织蜕变:大学学科后成熟期的战略选择[J]. 科学学与科学技术管理,2009(3):175-179.

[169] 刘小强. 走出学科建设与发展的困境[J]. 学位与研究生教育,2008(2):38-44.

[170] 张金福. 资源吸附:大学学科成长的重要模式[J]. 教育发展研究,2009(1):30-33.

[171] 李维安，周建．网络治理：内涵、结构、机制与价值创造[J]．天津社会科学，2005(5)：60.

[172] MARTINS E C，TERBLANCHE F. Building organizational culture that stimulates creativity and innovation [J]. European Journal of Innovation Management，2003 (1)：64-74.

[173] WINTER Z. Deliberate learning and the evolution of dynamic capabilities [J]. Organization Science，2002(11)：339-351.

[174] 王战军，翟亚军．论大学学科建设中的战略思维[J]．高等教育研究，2008(10)：16.

[175] 周其仁．市场里的企业：一个人力资本与非人力资本的特别合约[J]．经济研究，1996(6)：74.

后　记

2015 年 11 月 5 日，国务院发布了《统筹推进世界一流大学和一流学科建设总体方案》，表明建设世界一流大学和世界一流学科已经上升为国家战略。这也说明中国在 1993 年启动“211 工程”、1998 年启动“985 工程”之后，中国建设世界一流大学政策供给进入一个新阶段。在中国建设世界一流大学和世界一流学科背景下，本研究的完成具有特别的意义。它既说明本研究选题具有重要的理论和现实意义，也鼓励作者继续沿着这一方向进行持续深入探索。

本研究是作者承担的国家社会科学基金教育学一般课题“一流学科的生成与治理：理论分析与实证检验”（项目编号：BIA170168）的阶段性成果。课题于 2017 年立项，是燕山大学承担的第一个国家社科基金教育学专项课题，对学校承担国家级项目工作也具有重要意义。项目获批后，课题组成员立即按照申请书确定的分工着手相关研究工作，顺利通过开题报告、中期报告、成果公开报告会等各个环节，根据《全国教育科学规划课题结题鉴定细则》及相关结题要求，完成结题材料，提交结题验收。

本课题的完成，是全体课题组成员共同努力的结果。燕山大学外国语学院刘丽丽老师，我的研究生团队成员邓寒怡、吴暖暖、槐娇娇、徐蕊、王聪、刘思妍、刘润生等，是研究团队的核心成员。课题组成员按照申请书以及开题报告、中期报告之后调整的任务和分工，各司其职，主动和创造性地开展了相关研究工作，如期达到了课题的结题条件。在此，向团队成员表示感谢和致以敬意。

课题在开展过程中，组织了开题报告、中期报告、成果公开报告会，与会专家提出了很多真知灼见和可操作性建议，使得课题研究一直沿着正确的轨道前进。在此，向各位专家表示由衷感谢。

本研究是研究团队发表小论文的整合性研究成果，感谢《教育发展研究》《高等工程教育研究》《北京社会科学》《中国高校科技》《黑龙江高教研究》等相关学术期刊外审专家和编辑部专家对课题组完成小论文提出的宝贵意见，这些真知灼见为进一步完善相关论文提供了极大帮助，也为后续进一步开展相关研究指明了方向。

课题的完成得益于燕山大学提供的良好学术环境。2019 年，中国共产党燕山大学第四次代表大会召开，提出了建设研究型大学的愿景。在这一背景下，学校方方面面工作都在向研究型大学转型，也为年轻教师成长提供了更好的软硬件条件。作者撰写的咨政报告《以二级学院治理改革为切入点助推河北省高等教育快速发展》，通过燕山大学智库专报形式报省领导参考，得到时任省委副书记赵一德同志的肯定性批示。作者还受省教育厅委托形成了专门的调研报告进一步落实咨政报告内容。在此过程中，燕山大学党委书记赵险峰、公共管理学院院长郭金平、公共管理学院党委书记甄红军、社科处处长周高仪等都给予了大力支持，在此一并表示感谢。

本课题的研究和书稿的完成历时三年有余，书中的一字一句都凝结了研究团队的心血和汗水。但我们深知，没有单位提供的良好环境、领导和同事的帮助、专家的宝贵建议、亲人的无私支持，是很难完成这项工作的。在此，向所有关心和帮助过我们的人表达最诚挚的感谢。

本研究的完成标志着一个阶段研究工作画上句号，但也预示着一个新的研究阶段开始。在结论部分，我们提出了现有研究的不足和未来的研究展望。在今后的科研工作中，我们将继续沿着相关方向，开展系列研究，争取产出更多有影响力的学术成果，并积极转化为咨政报告，为政府决策提供参考。

李春林

2021 年 4 月 20 日